趙孟頫楷書

過年寫春聯

盧中南

罗锡清 编

河南美术出版社
·郑州·

图书在版编目（CIP）数据

过年写春联. 赵孟頫楷书 / 罗锡清编. — 郑州 : 河南美术出版社，2022.10（2023.11 重印）

ISBN 978-7-5401-5429-5

Ⅰ. ①过… Ⅱ. ①罗… Ⅲ. ①楷书 – 法帖 – 中国 – 元代 Ⅳ. ① J292.2

中国版本图书馆 CIP 数据核字（2022）第 166924 号

过年写春联　赵孟頫楷书

罗锡清　编

出 版 人　王广照
责任编辑　庞　迪
责任校对　王淑娟
装帧设计　庞　迪
制　　作　张国友
出版发行　河南美术出版社
　　　　　地址：郑州市郑东新区祥盛街 27 号
　　　　　邮编：450016
　　　　　电话：(0371) 65788152
印　　刷　河南美图印刷有限公司
开　　本　787 毫米 ×1092 毫米　1/16
印　　张　6
字　　数　60 千字
版　　次　2022 年 10 月第 1 版
印　　次　2023 年 11 月第 3 次印刷
书　　号　ISBN 978-7-5401-5429-5
定　　价　25.00 元

关于春联

春联以工整、对偶、简洁、精巧的文字描绘时代背景，抒发美好愿望，是我国特有的一种文学形式。每逢春节，无论城市还是农村，家家户户都要精选一副副春联贴于门上，为节日增加喜庆气氛。

相传，中国最早的春联出自五代后蜀国君孟昶。《宋史·西蜀孟氏》记载："（孟昶）每岁除，命学士为词，题桃符，置寝门左右。末年，学士幸寅逊撰词，昶以其非工，自命笔题云：'新年纳余庆，嘉节号长春。'"大意是：人们在新年享受着先代的遗泽，佳节预示着春意常在。

过年贴春联的民俗起源于宋代，并在明代开始盛行。据《簪云楼杂说》载，明太祖朱元璋酷爱对联，不仅自己挥毫书写，还常常鼓励群臣书写。有一年除夕，他传旨：公卿士庶家，门口须加春联一副。后太祖微服出巡，看见各家张贴的春联十分高兴。当他行至一户人家，见门上没有春联，便问何故。原来主人是个杀猪的，正愁找不到人写春联。朱元璋当即挥笔写下了一副内容为"双手劈开生死路，一刀割断是非根"的春联送给了这户人家。从这个故事中，我们可以看出朱元璋对春联的大力提倡，也正是因为他的身体力行，才推动了春联的普及。

到了清代，春联的思想性和艺术性都有了很大提高。梁章钜所撰《楹联丛话》对楹联的起源及各门类作品的特色都一一做了论述，其中就专门提到春联。

春联在实际应用中，其含义在一定程度上被泛化了。常见的"春联"，根据其使用场所与张贴位置的不同，可分为门心、框对、横批、春条、斗斤等。"门心"贴于门板上端中心部位；"框对"贴于左右两个门框上；"横批"贴于门楣的横木上；"春条"是根据不同的内容，贴于相应位置的单幅文字，如过年时在庭院里贴的“抬头见喜”“出入平安”“恭喜发财”等；“斗斤”也叫“门叶”，为菱形，多贴在家具、单扇门或影壁上，春节时大家喜欢贴的“福”字，就属于“斗斤”。

春节贴“福”字，是我国民间由来已久的风俗。据《梦粱录》记载：“岁旦在迩，席铺百货，画门神桃符，迎春牌儿。”“士庶家不论大小，俱洒扫门闾，去尘秽，净庭户，换门神，挂钟馗，钉桃符，贴春牌，祭祀祖宗。”文中的“春牌”即写在红纸上的“福”字，“福”字代表的是“幸福”“福气”“福运”。民间还有将“福”字精描细作成各种图案的，图案有寿星、寿桃、鲤鱼跳龙门、五谷丰登、龙凤呈祥等。春节贴“福”字，无论是过去还是现在，都寄托了人们对幸福生活的向往和对美好未来的祝愿。

俗话说：“一年之计在于春。”在人们的传统观念里，一年中有个好的开端是最惬意、最吉利的事。无论在过去的一年里有什么高兴、得意的事，还是有什么不如意的事，人们总是希望未来的一年过得更好。因此，在新春即将到来之时，贴春联恰好可以表达这种美好的愿望。加之我国人民自古就有乐观向上的精神，寄希望于未来，祈盼未来自己会有好运。于是人们借助春联表达对即将过去的一年的怀念和感悟，以及对新的一年的期盼与希望。

民间有“腊月二十四，家家写大字”的说法，随着中国传统文化的复兴，过年写春联已经成为一种时尚。中国人过春节讲究喜庆、吉利、热闹，人们在春节期间吃好的、喝好的、穿新衣、放鞭炮、走亲访友等，这都体现了人们对美好生活的向往，而写春联恰恰暗合了这一点。

“过年写春联”是河南美术出版社近年来精心打造的一个品牌书系。该社邀请了全国知名书家用楷、行、篆、隶四种书体对精选的春联内容进行书法创作，也邀请了高校教师及相关专业人士用古代经典碑帖或名家书法对春联内容进行集字、组合，使这套书的品种丰富多样，可满足读者手写春联的各种需求。希望这套书能为中国传统春节文化增添一笔浓重的“中国红”。

杨　华

目录

44	花开富贵家家乐	灯照吉祥岁岁欢
45	家添财富人添寿	春满阶庭福满门
46	街头灯影逐花影	村中梅香伴酒香
47	锦囊句好题新画	石鼎茶香读异书
48	静夜不嫌鱼读月	闲时还爱鸟谈天
49	静坐莲池香满袖	晓行花径露沾衣
50	九州瑞气迎春到	四海祥云降福来
51	兰有国香清益远	松如人寿志逾坚
52	龙腾虎跃人间景	鸟语花香天地春
53	绿竹别具三分景	红梅正报万家春
54	满园桃李逢春发	入室芝兰竟日香
55	梅传春信寒冬去	竹报平安好日来
56	门迎四季平安福	地聚八方鸿运财
57	门迎晓日财源广	户纳春风吉庆多
58	春满乾坤披锦绣	日照神州万象新
59	千祥云集家声振	百福年增世业长
60	民安国泰逢盛世	风调雨顺颂华年
61	秋月春风在怀抱	吉金乐石为文章
62	全家平安添百福	满门和顺纳千祥
63	人逢盛世豪情壮	节到新春喜气盈
64	瑞气满门吉祥宅	春光及第如意家
65	三春草长如人意	万里河流似利源
66	山欢水笑春满地	人寿年丰喜盈门
67	生意如同春意美	财源更比水源长
68	生意兴隆通四海	财源茂盛达三江
69	四时佳气亲仁里	五色祥云积善家
70	松竹梅岁寒三友	桃李杏春风一家
71	天地和顺家添财	平安如意人多福
72	天开美景风云静	春到人间气象新
73	天增岁月人增寿	春满乾坤福满门
74	万事如意满门顺	四季平安全家福
75	五湖生意如云集	四海财源似水来
76	物华天宝长安乐	人寿年丰大吉祥
77	喜居宝地千年旺	福照家门万事兴
78	百世岁月当代好	千古江山今朝新
79	新春福旺鸿运开	佳节吉祥如意来
80	雄鸡一唱明春晓	喜鹊双飞报好音
81	秀色青山争入户	祥光瑞日正临门
82	旭日芝兰光甲第	春风棠棣振家声
83	春风无形激水生浪	大地至静长天自清
84	秋月春花当前佳句	法书名画宿世良朋

85~90

瑞气盈门	迎春接福	长乐永康
心想事成	恭喜发财	新年吉庆
人欢财旺	福寿安康	喜迎新春
福寿光华	富贵平安	大吉大利
惠风和畅	春来时至	春满神州
纳福迎祥	一帆风顺	普天同庆
六合同春	万事亨通	江山如画
吉祥如意	六时吉祥	三阳开泰
五福临门	花好月圆	和气致祥
春和景明	积善人家	风调雨顺

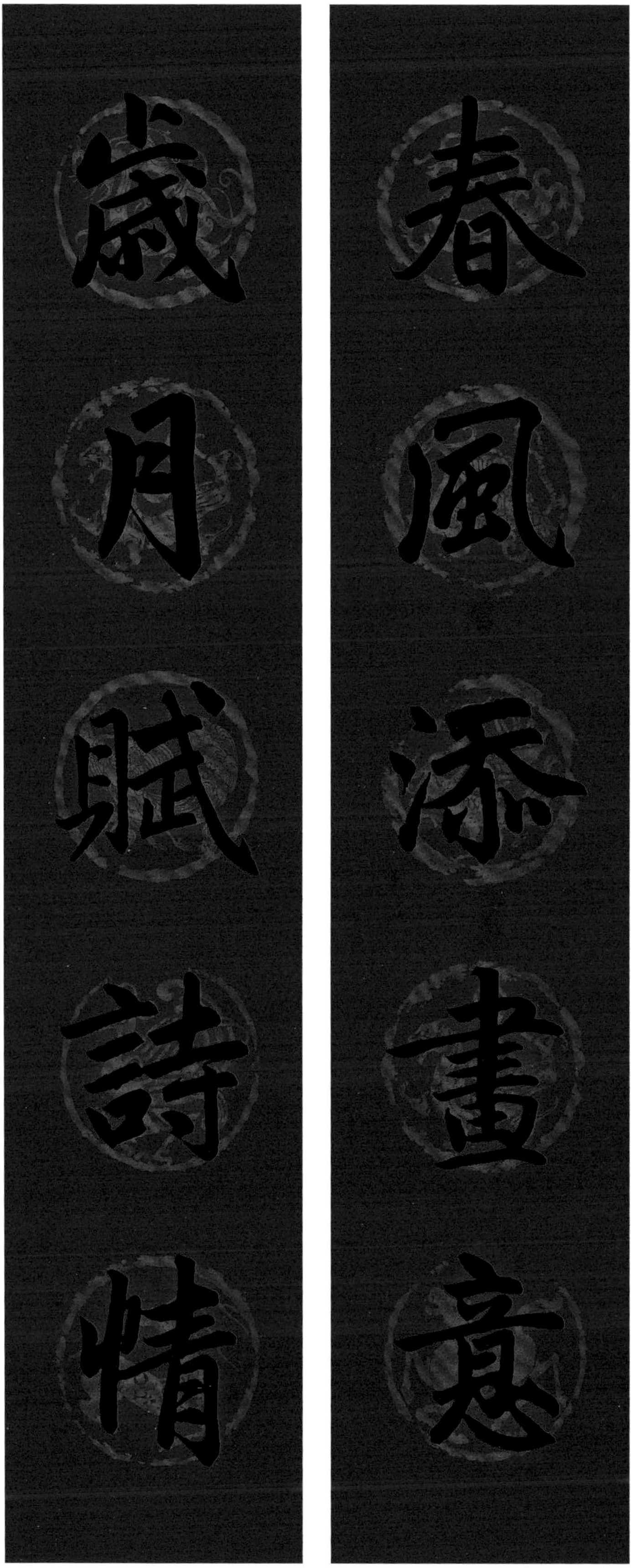

春风添画意
岁月赋诗情

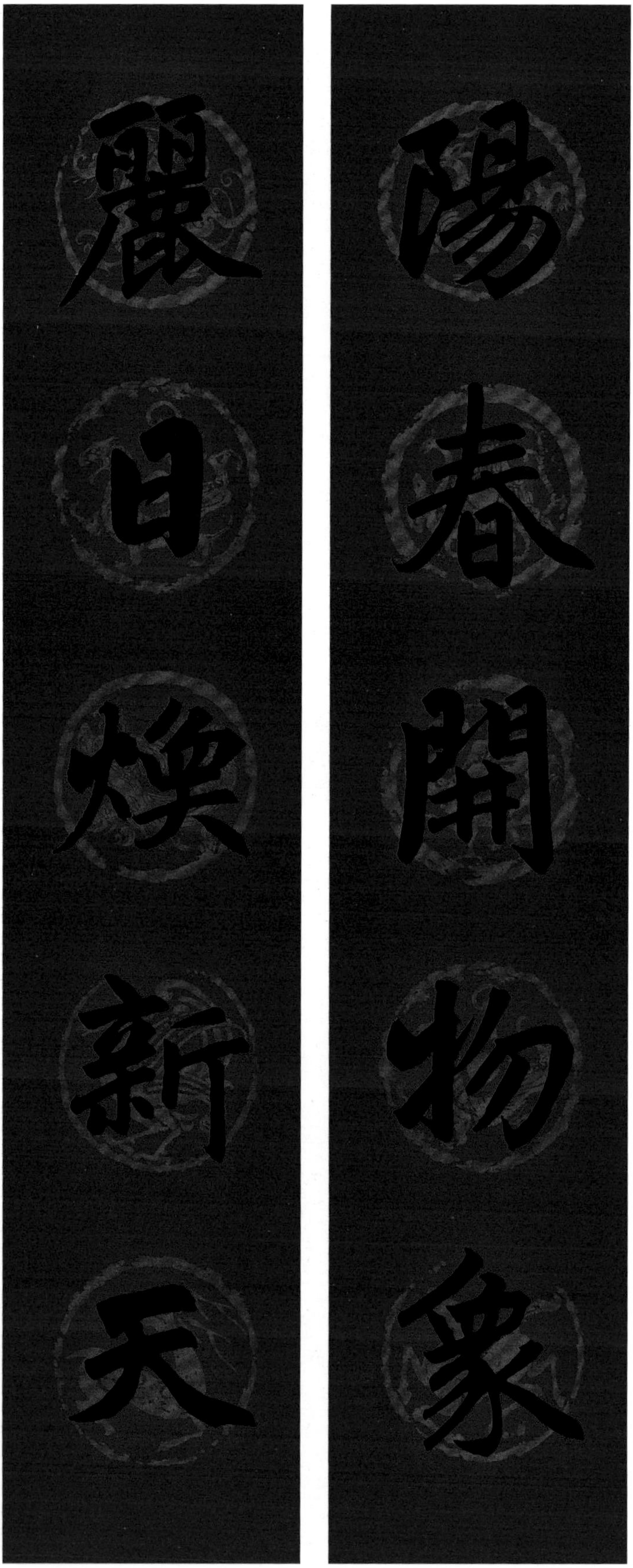

阳春开物象
丽日焕新天

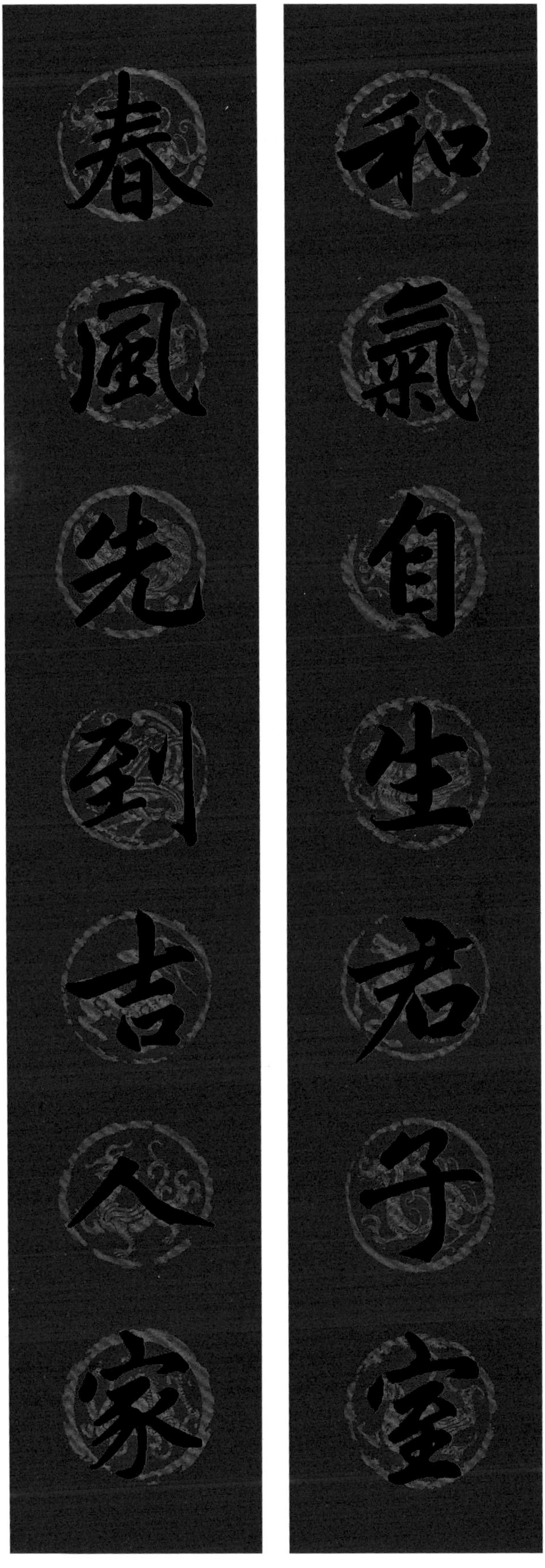

和气自生君子室
春风先到吉人家

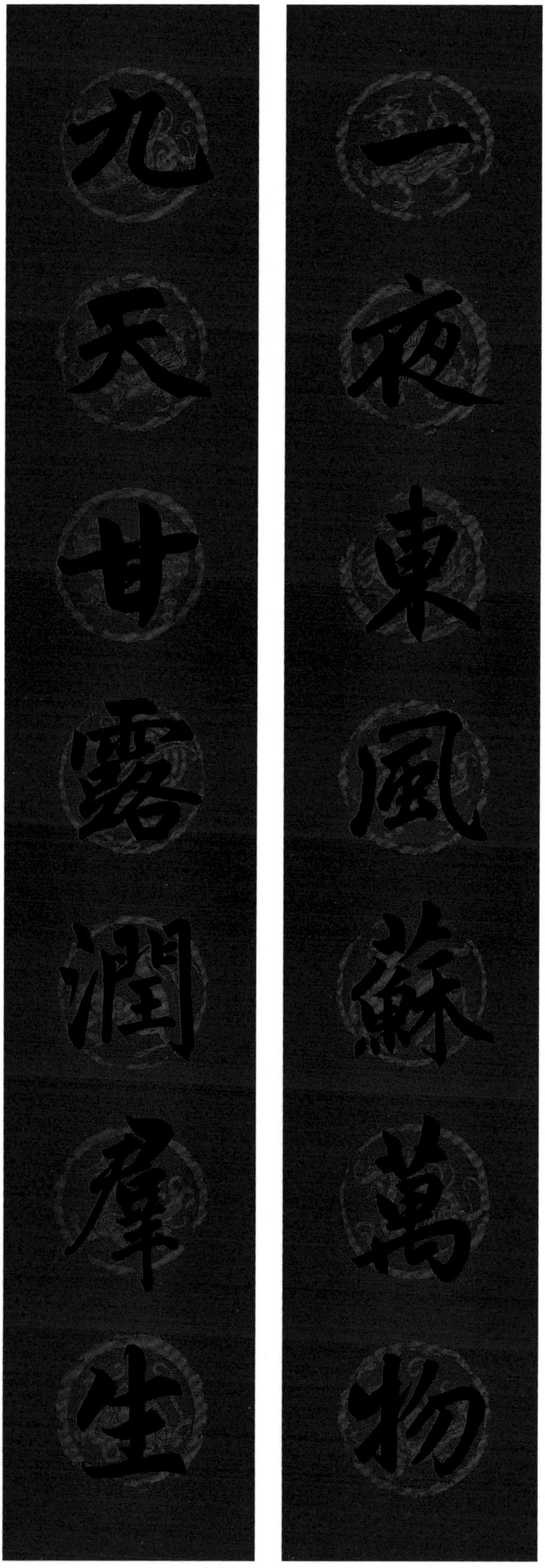

一夜东风苏万物
九天甘露润群生

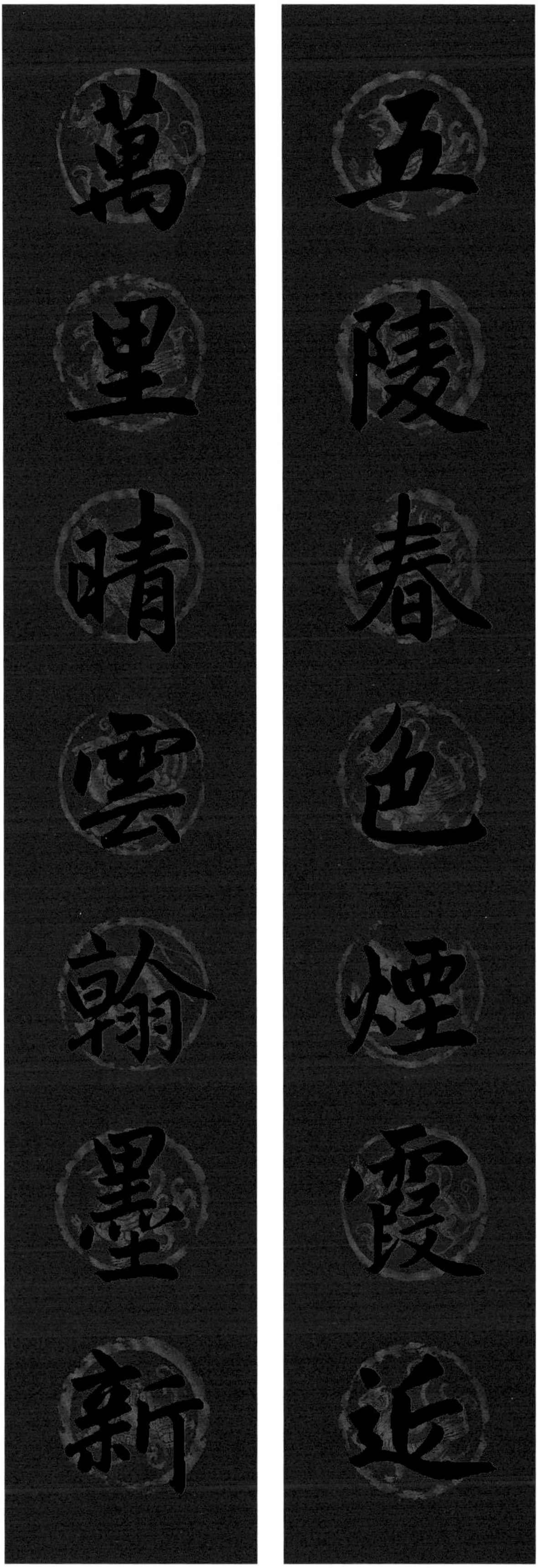

五陵春色烟霞近
万里晴云翰墨新

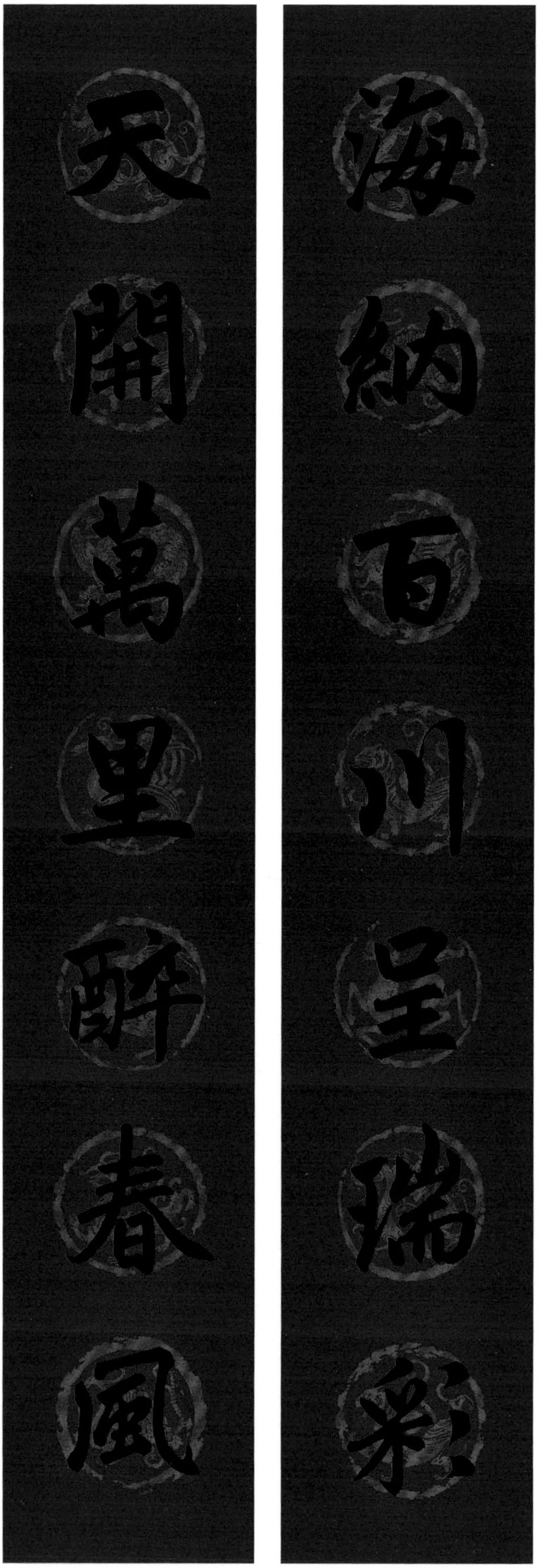

海纳百川呈瑞彩
天开万里醉春风

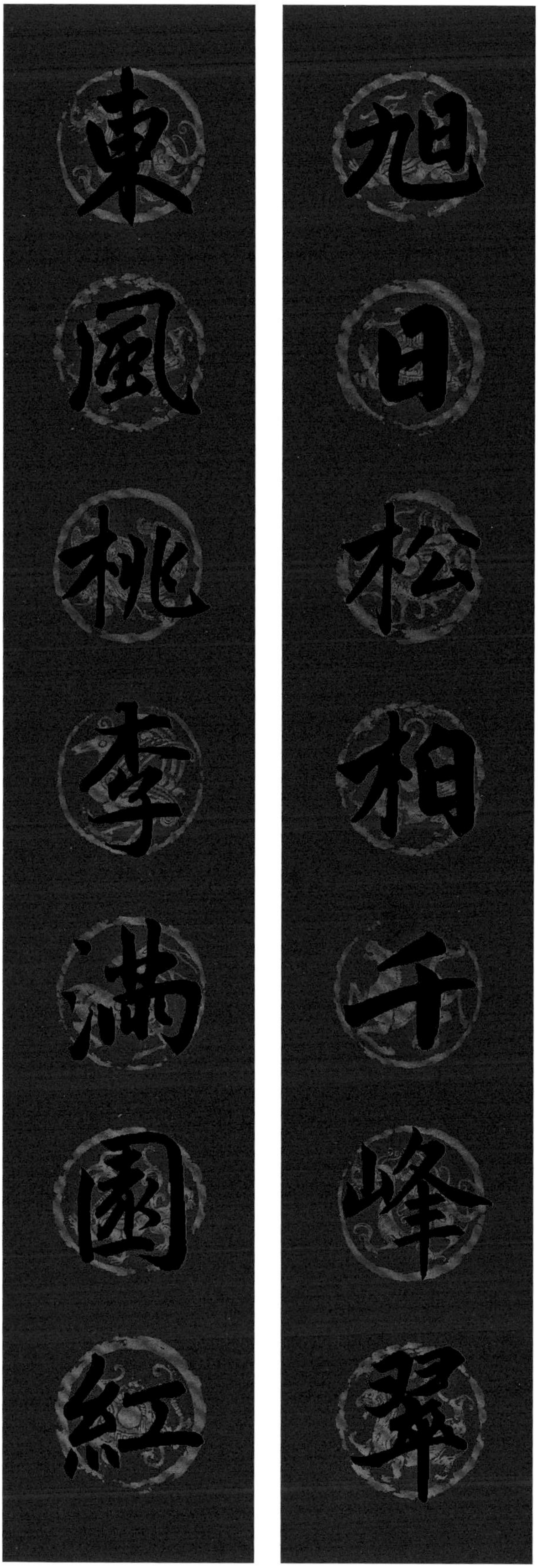

旭日松柏千峰翠
东风桃李满园红

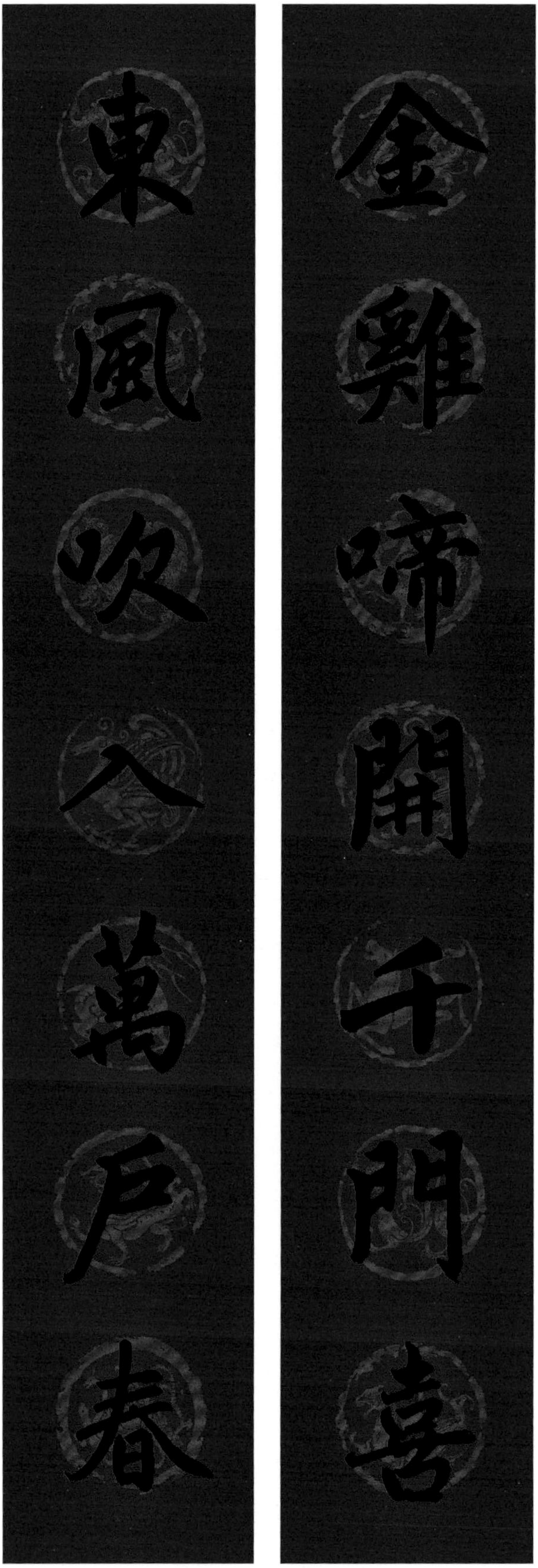

金鸡啼开千门喜
东风吹入万户春

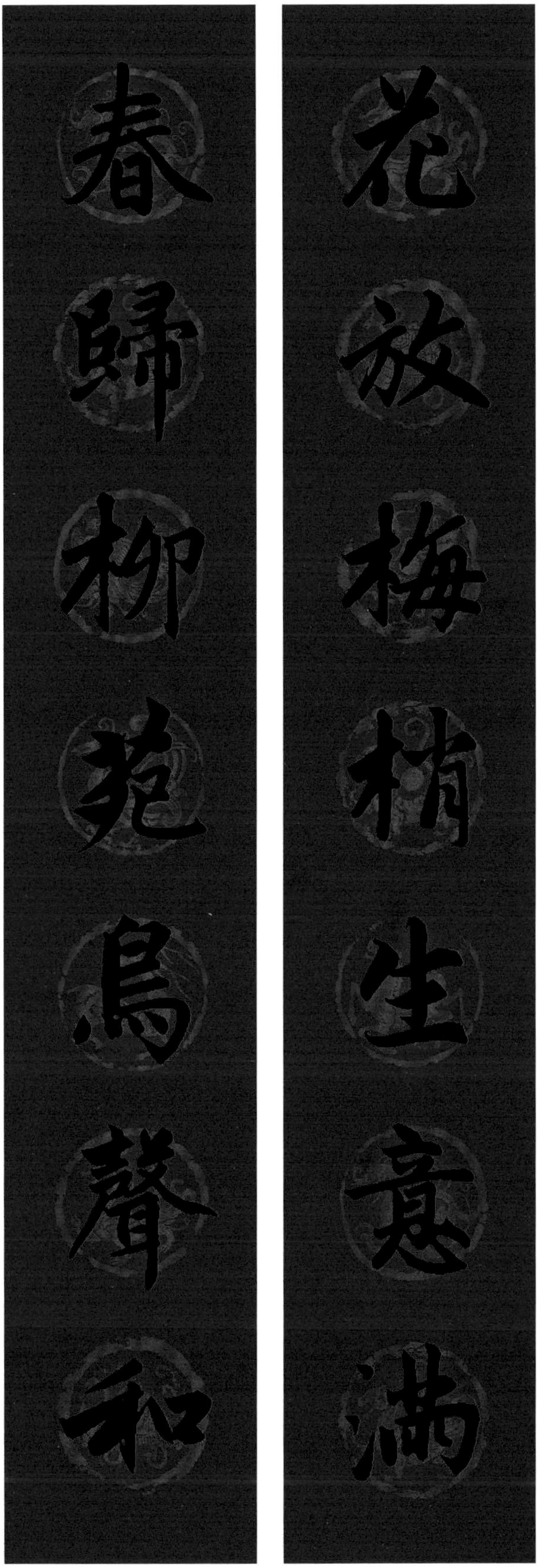

花放梅梢生意满
春归柳苑鸟声和

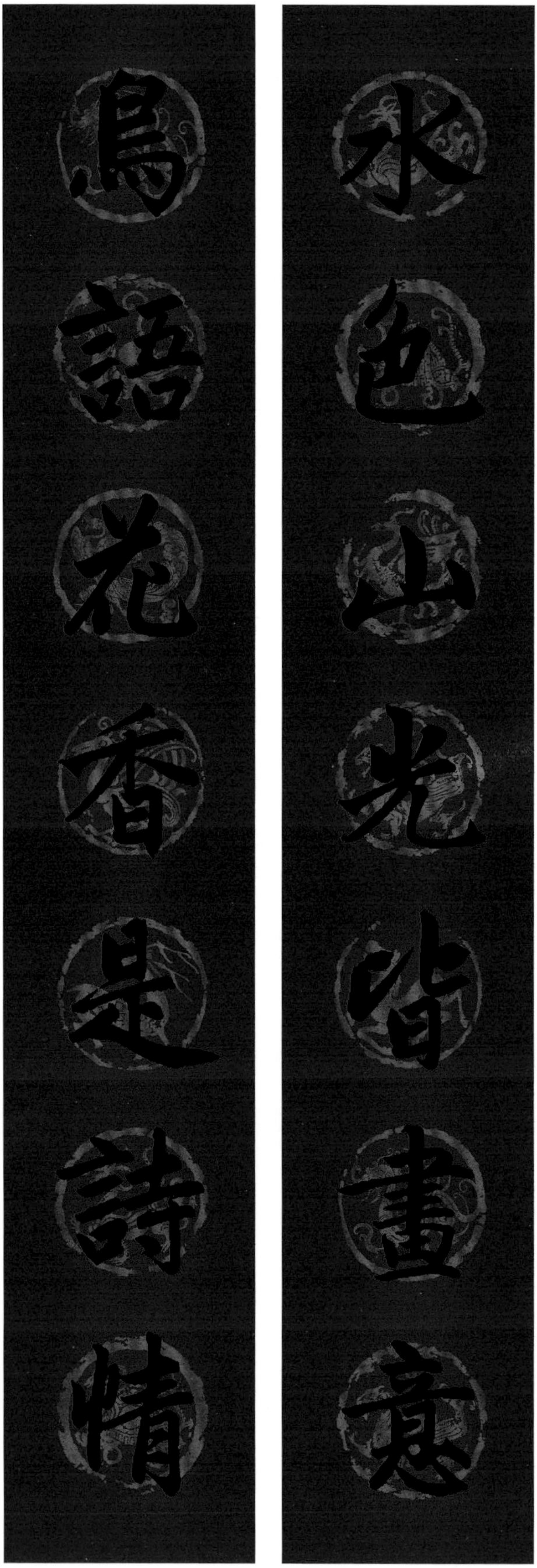

水色山光皆画意
鸟语花香是诗情

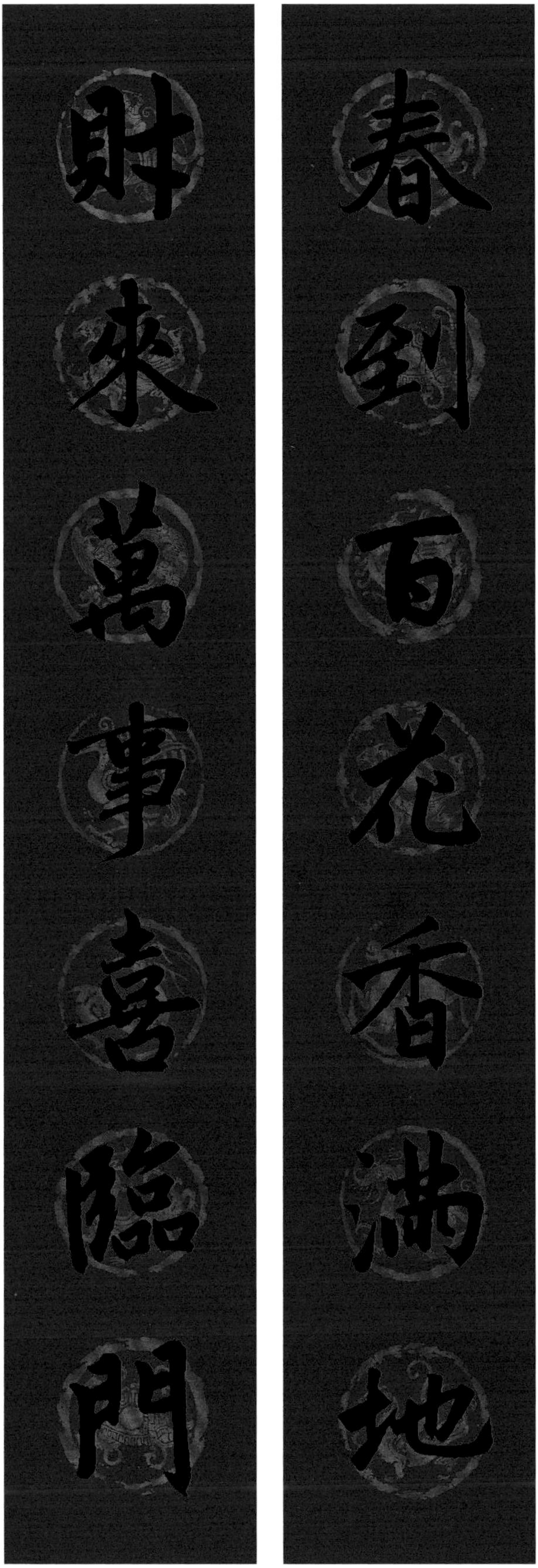

春到百花香满地
财来万事喜临门

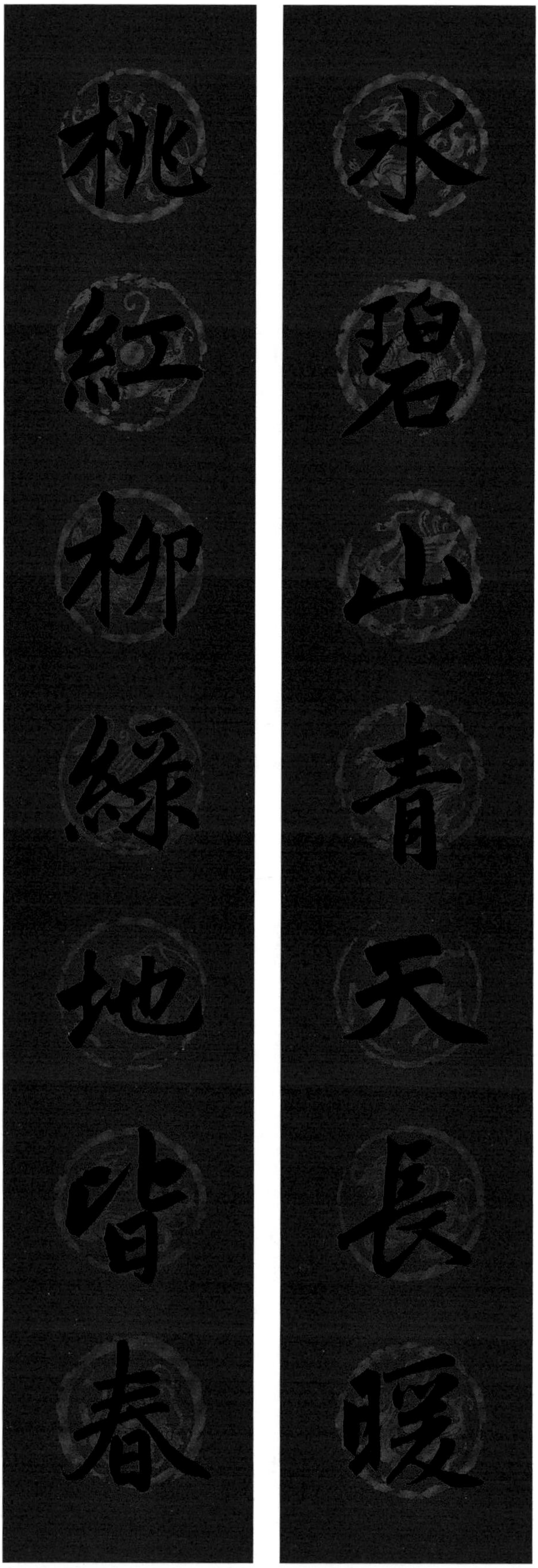

水碧山青天长暖
桃红柳绿地皆春

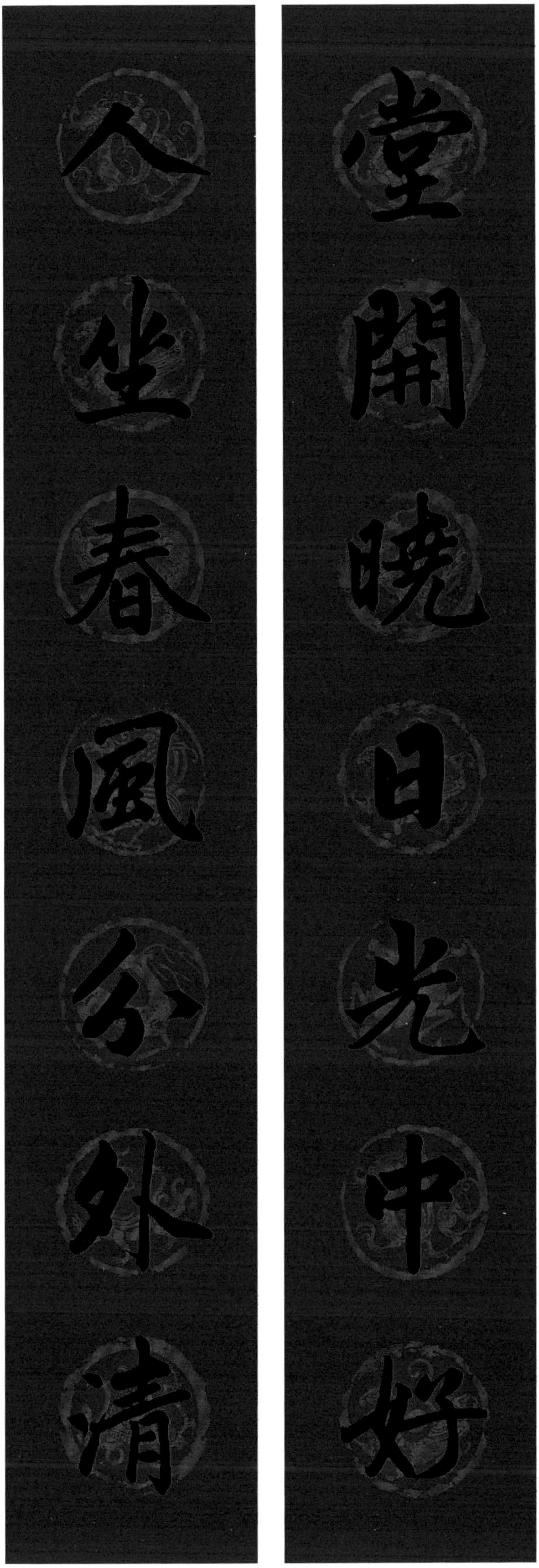
堂開曉日光中好
人坐春風分外清

堂开晓日光中好
人坐春风分外清

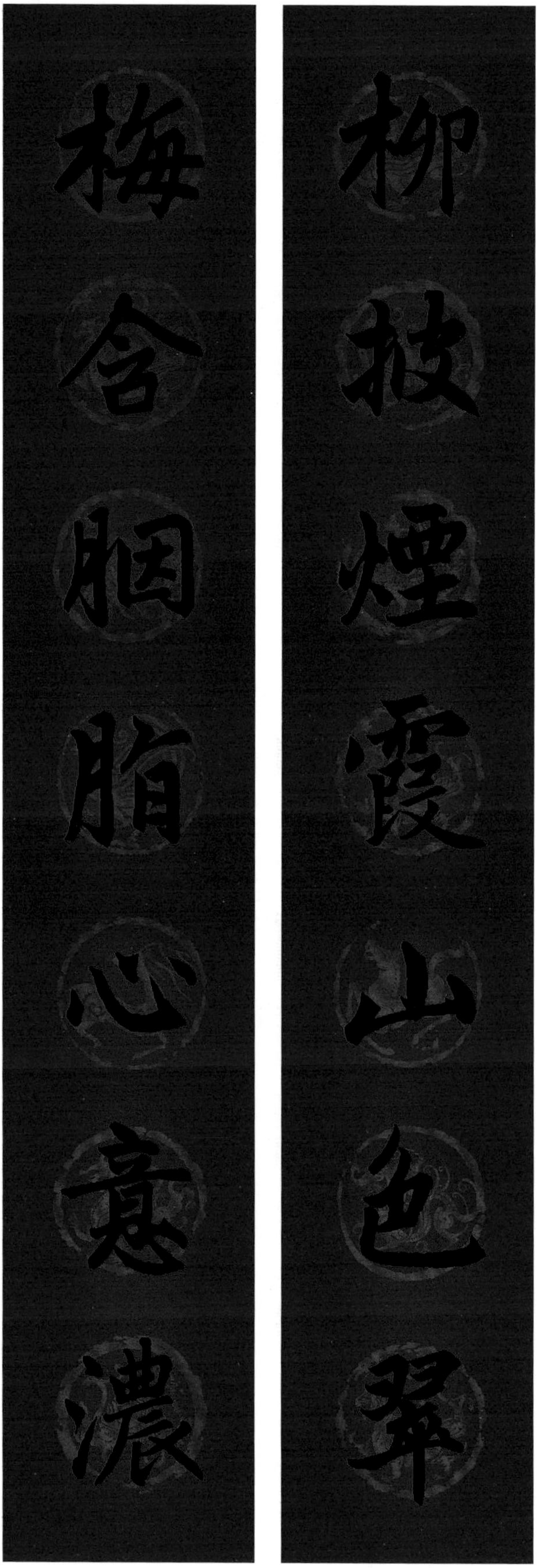

柳披烟霞山色翠
梅含胭脂心意浓

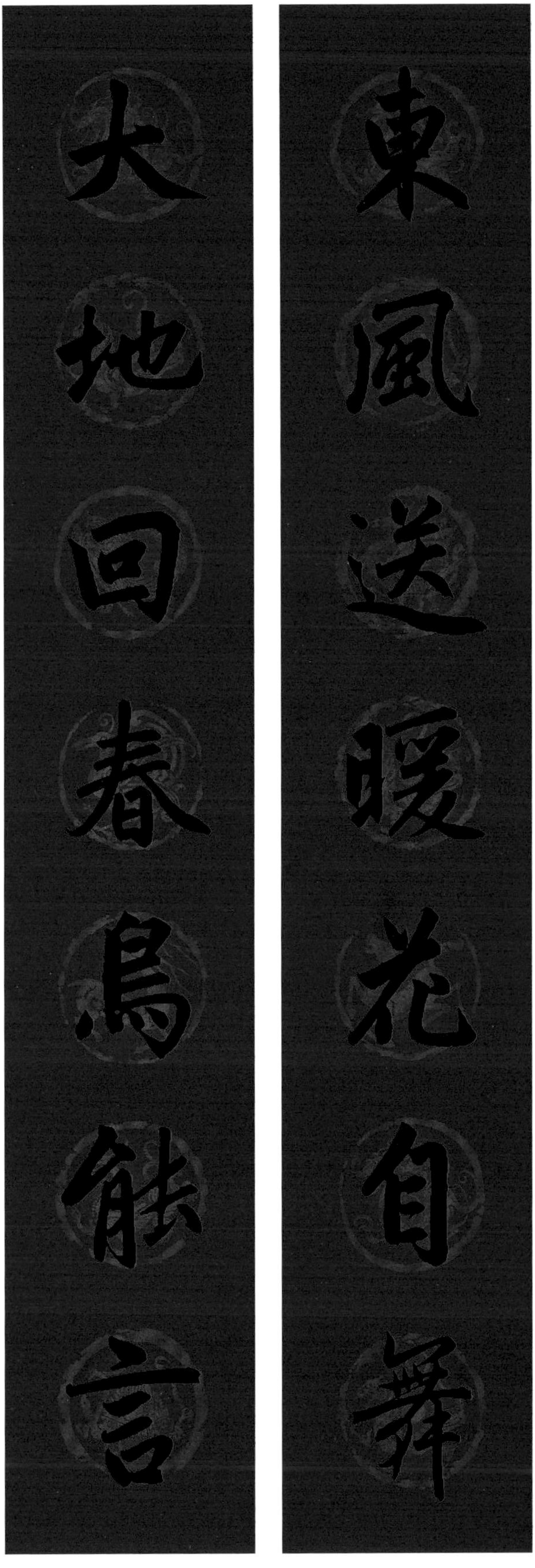

东风送暖花自舞
大地回春鸟能言

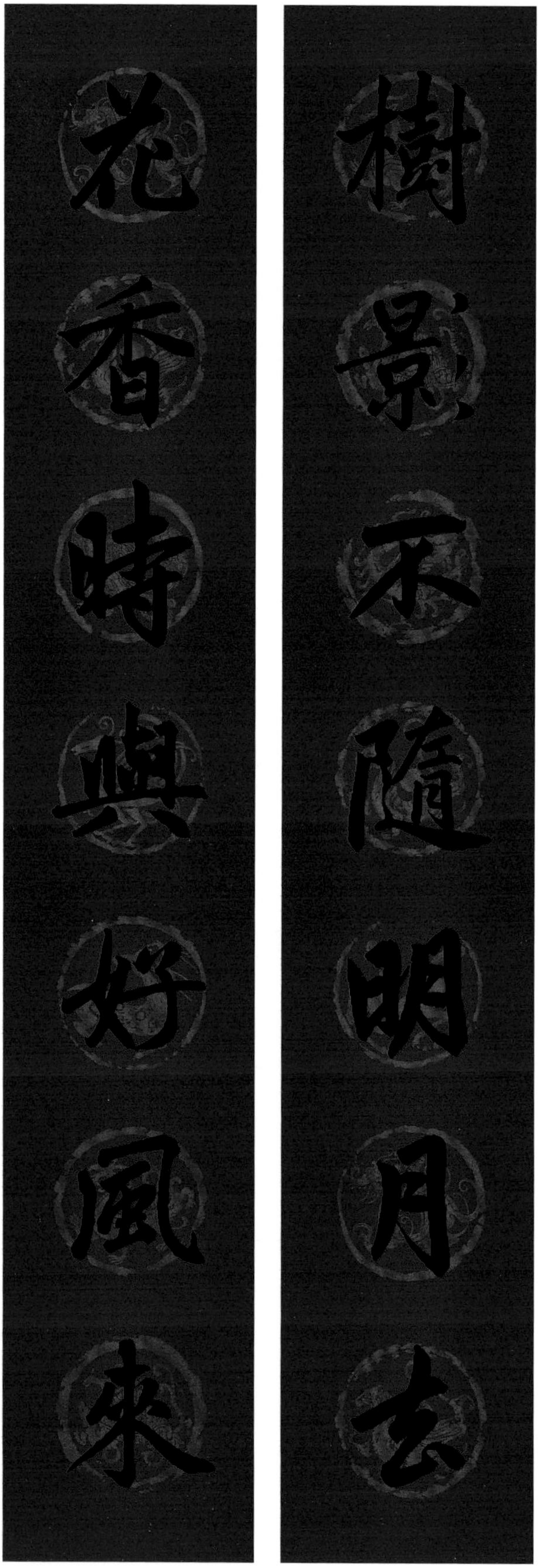

树影不随明月去
花香时与好风来

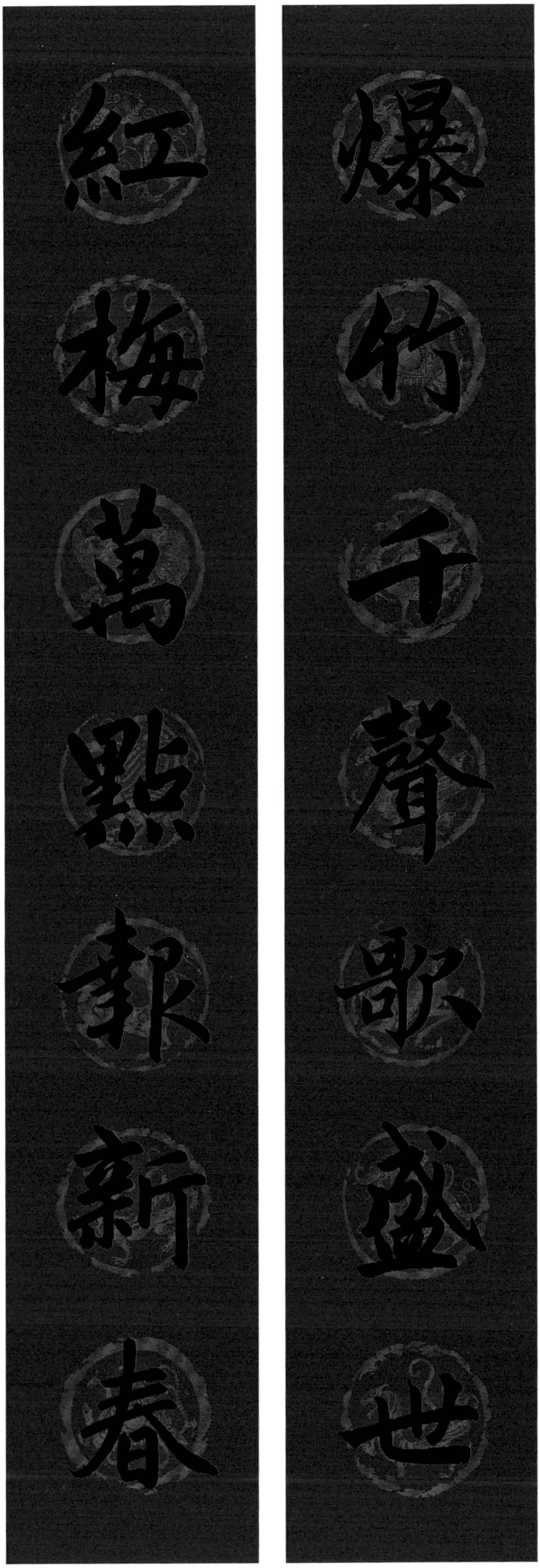

爆竹千声歌盛世
红梅万点报新春

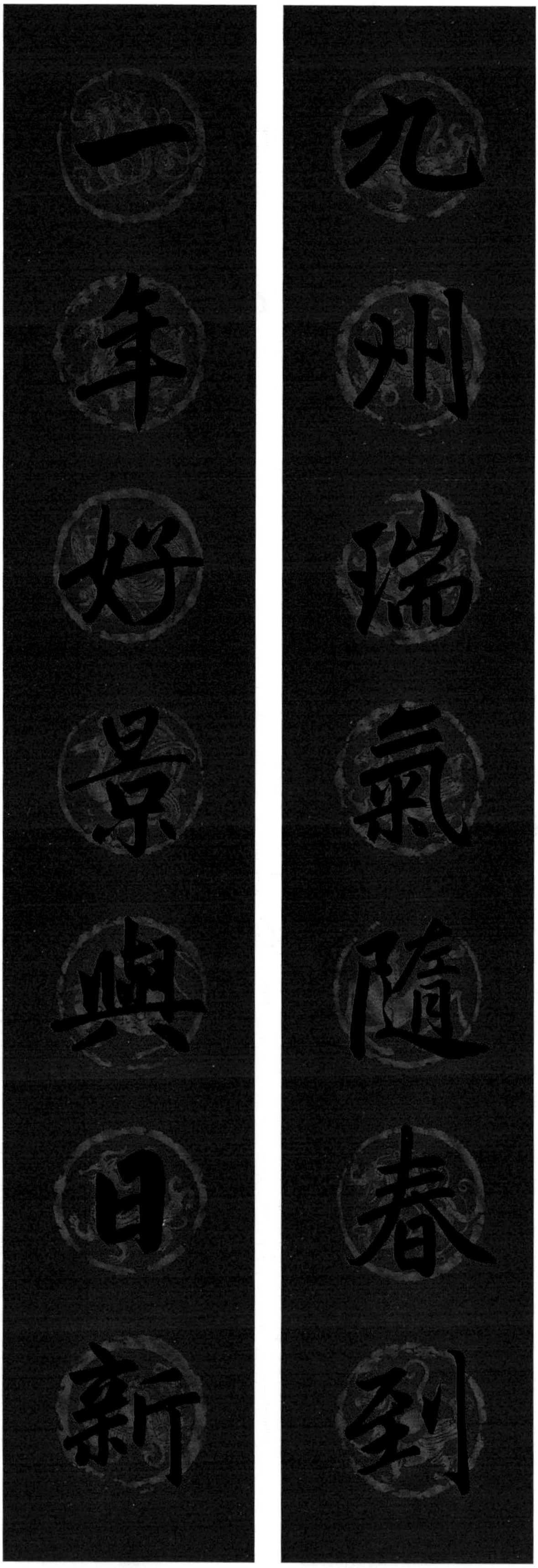

九州瑞气随春到
一年好景与日新

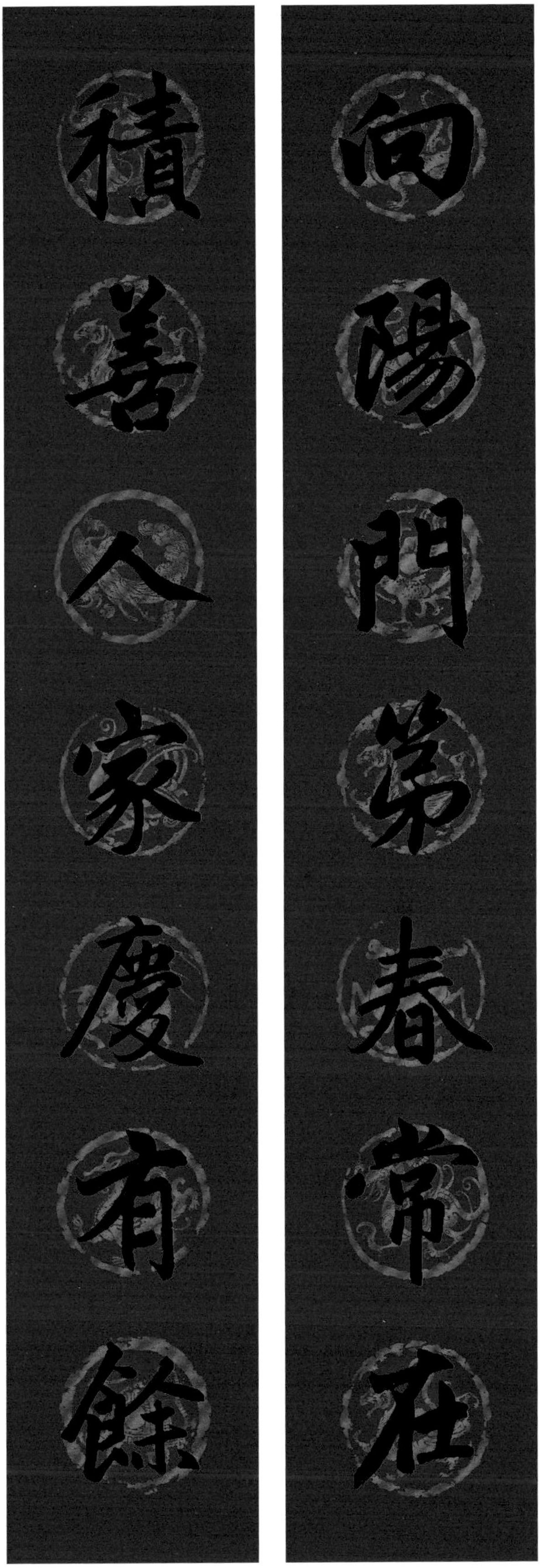

向阳门第春常在
积善人家庆有余

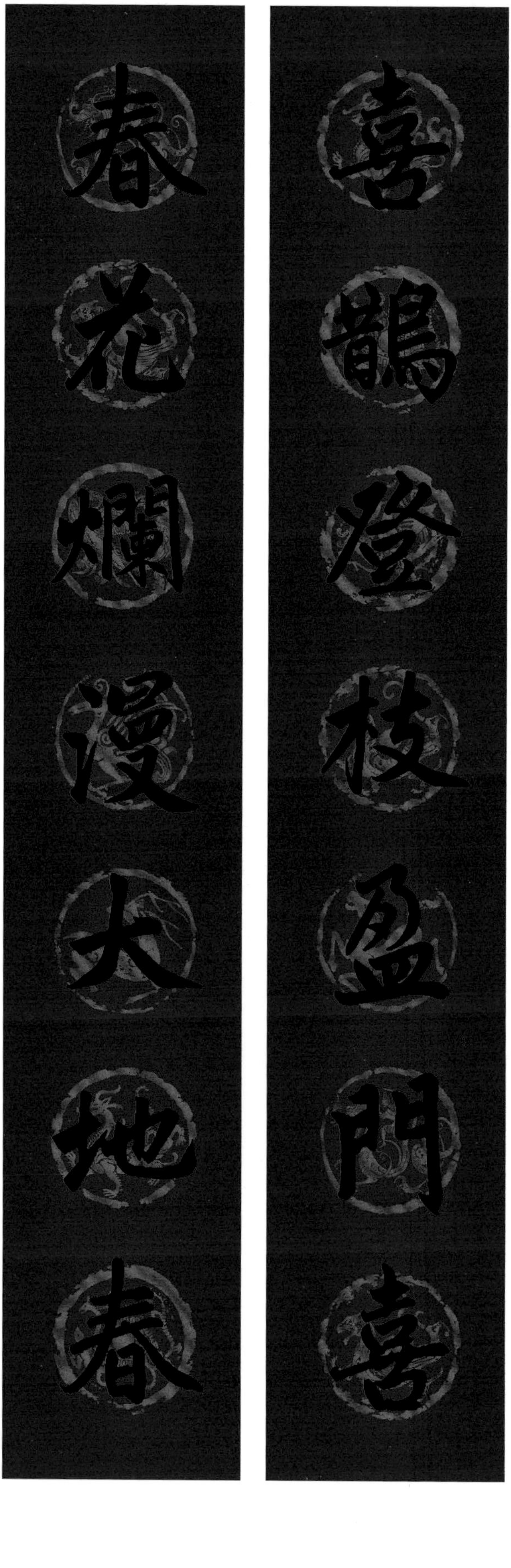

喜鹊登枝盈门喜
春花烂漫大地春

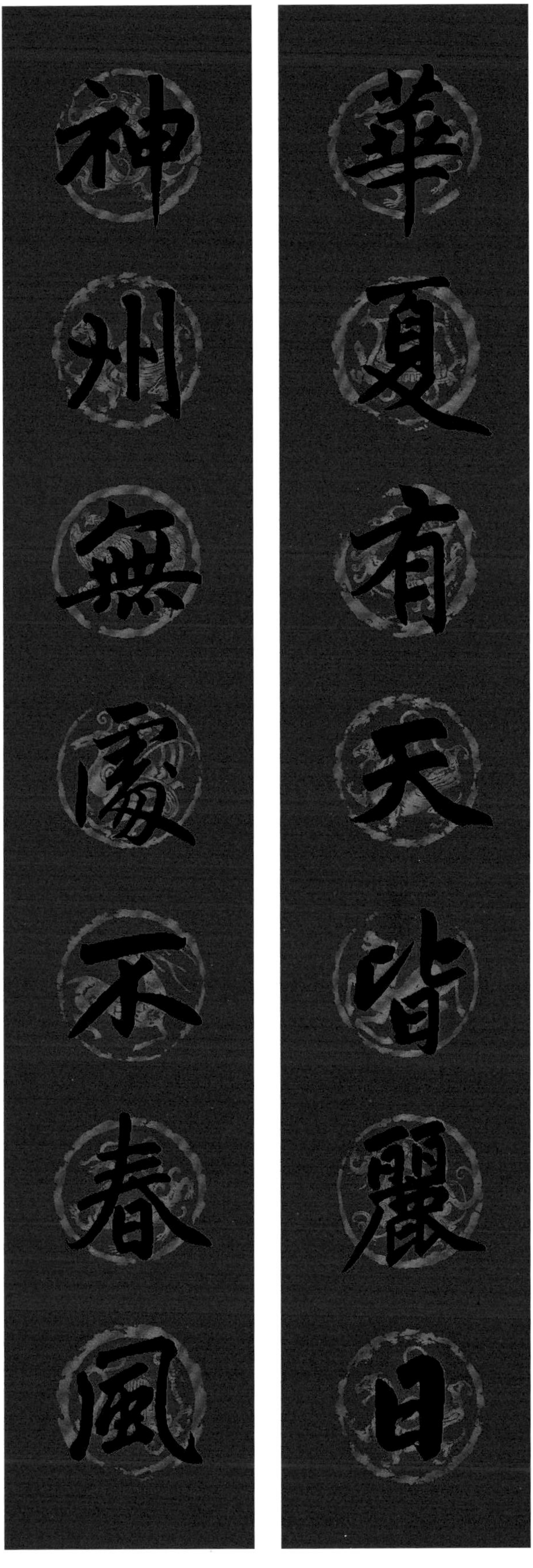

华夏有天皆丽日
神州无处不春风

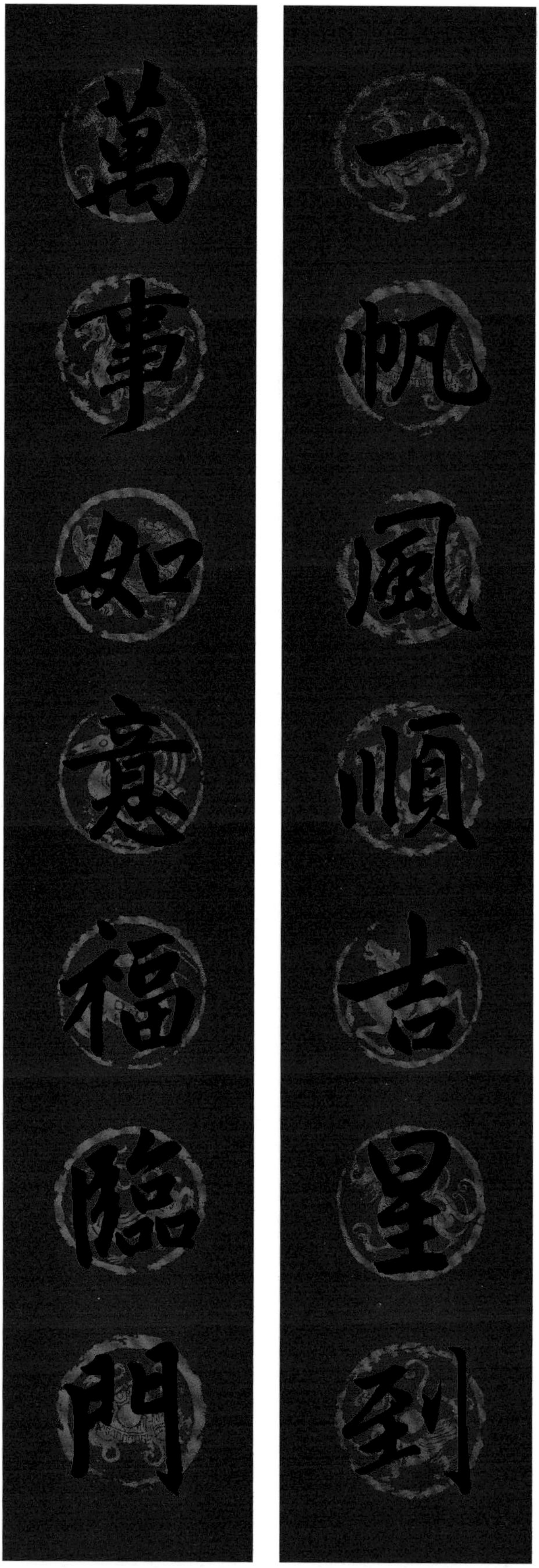

一帆风顺吉星到
万事如意福临门

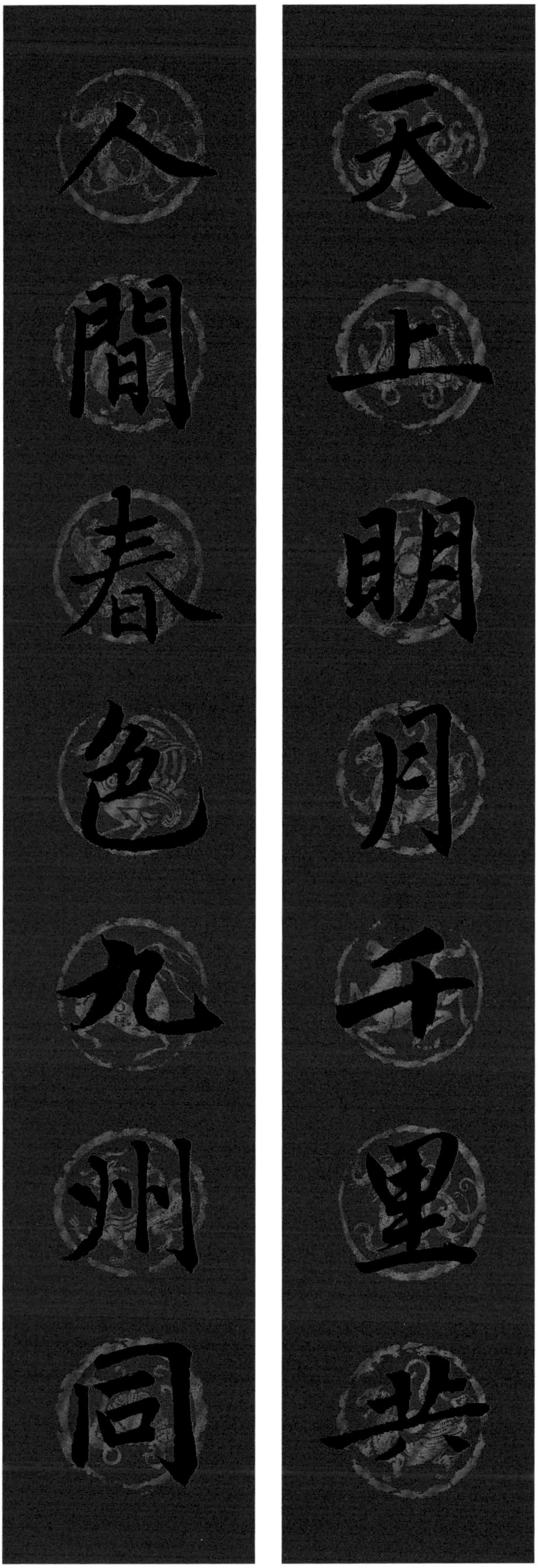

天上明月千里共
人间春色九州同

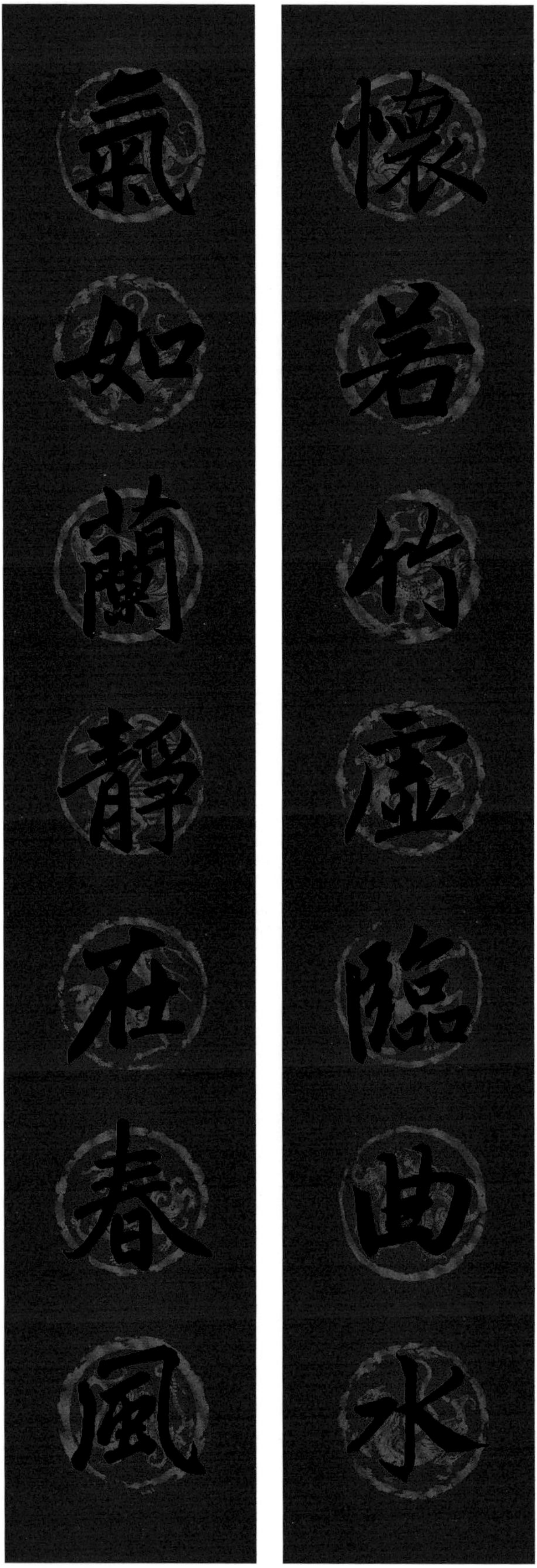

怀若竹虚临曲水
气如兰静在春风

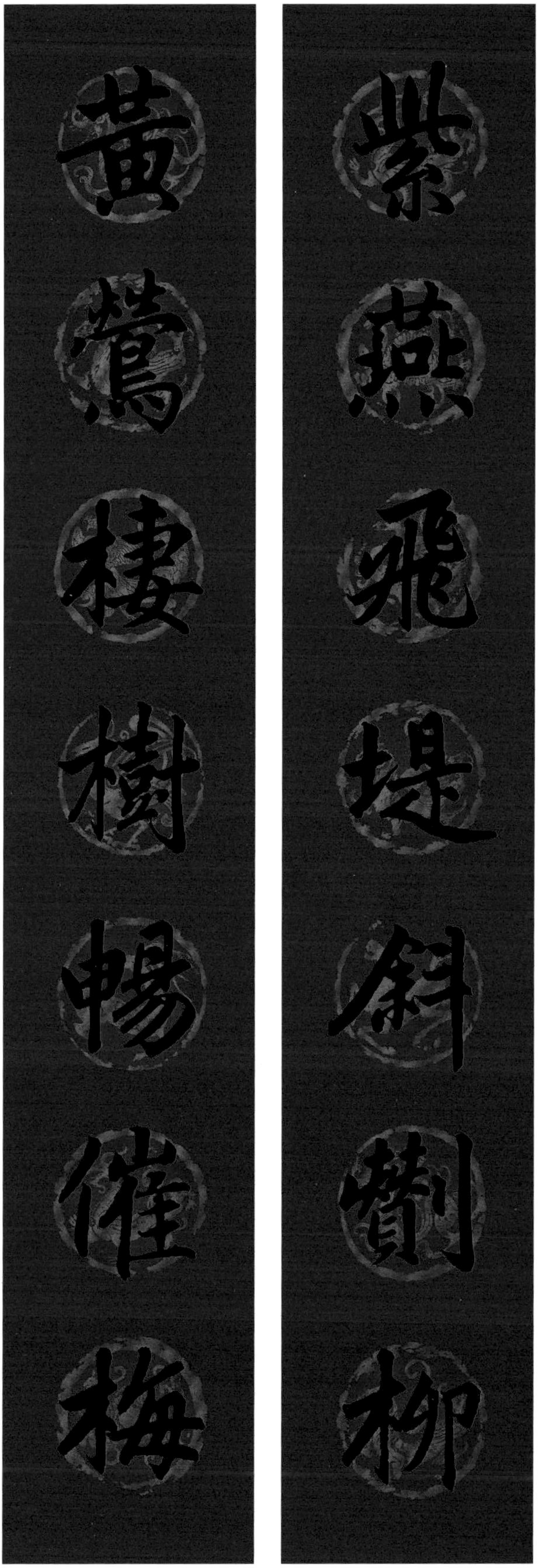

紫燕飞堤斜剪柳
黄莺栖树畅催梅

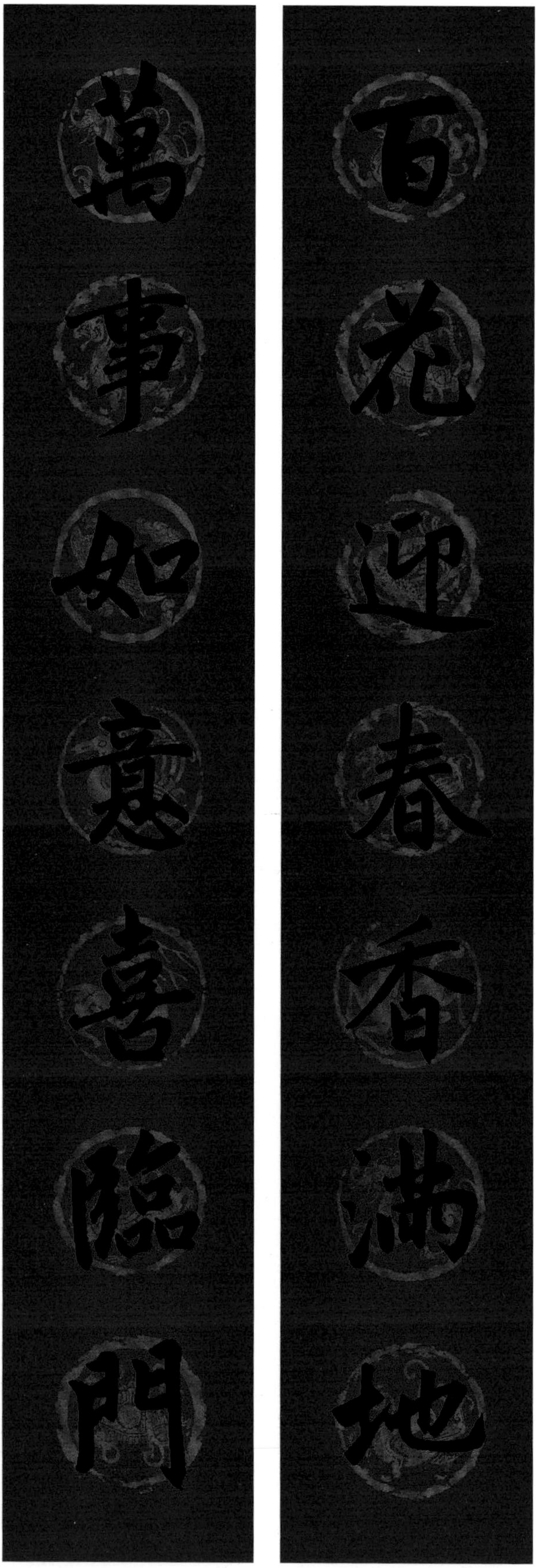

百花迎春香满地
万事如意喜临门

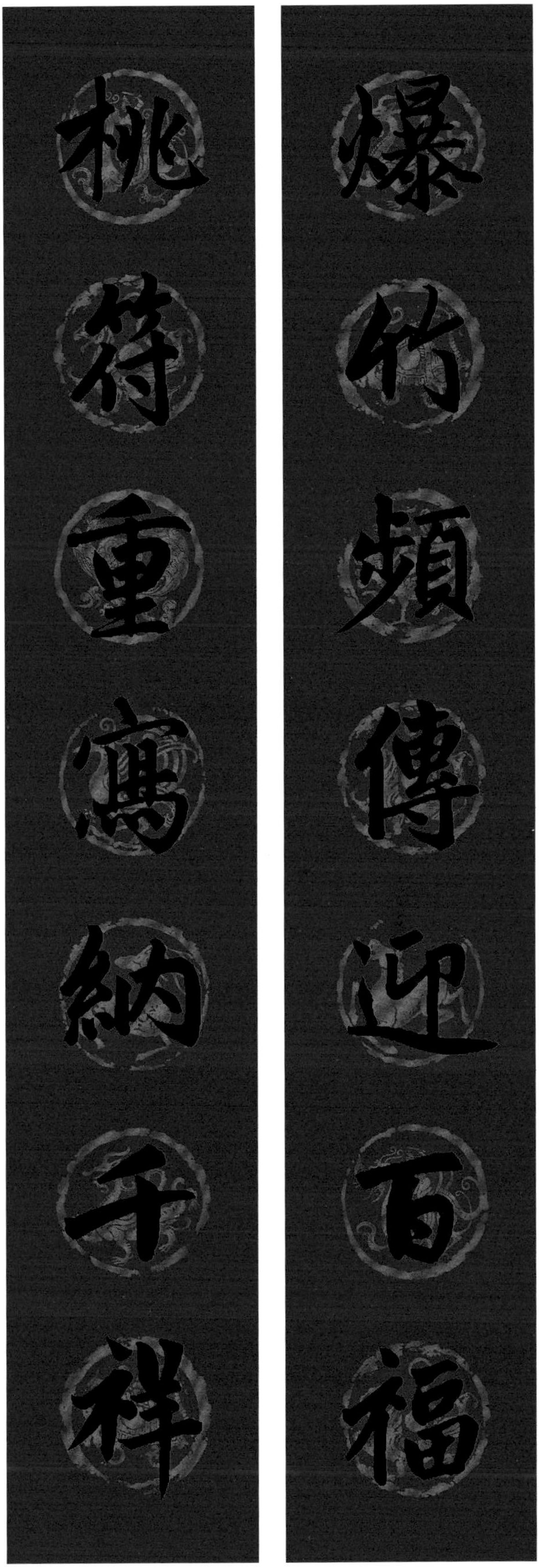

爆竹频传迎百福
桃符重写纳千祥

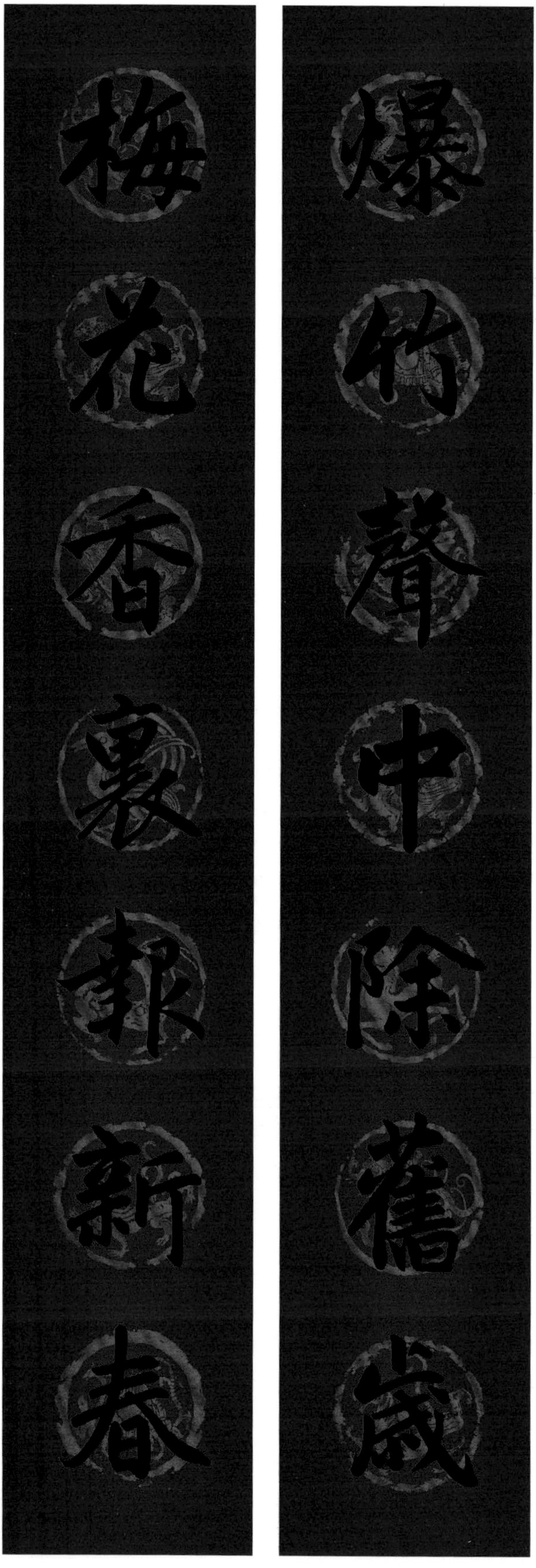

爆竹声中除旧岁
梅花香里报新春

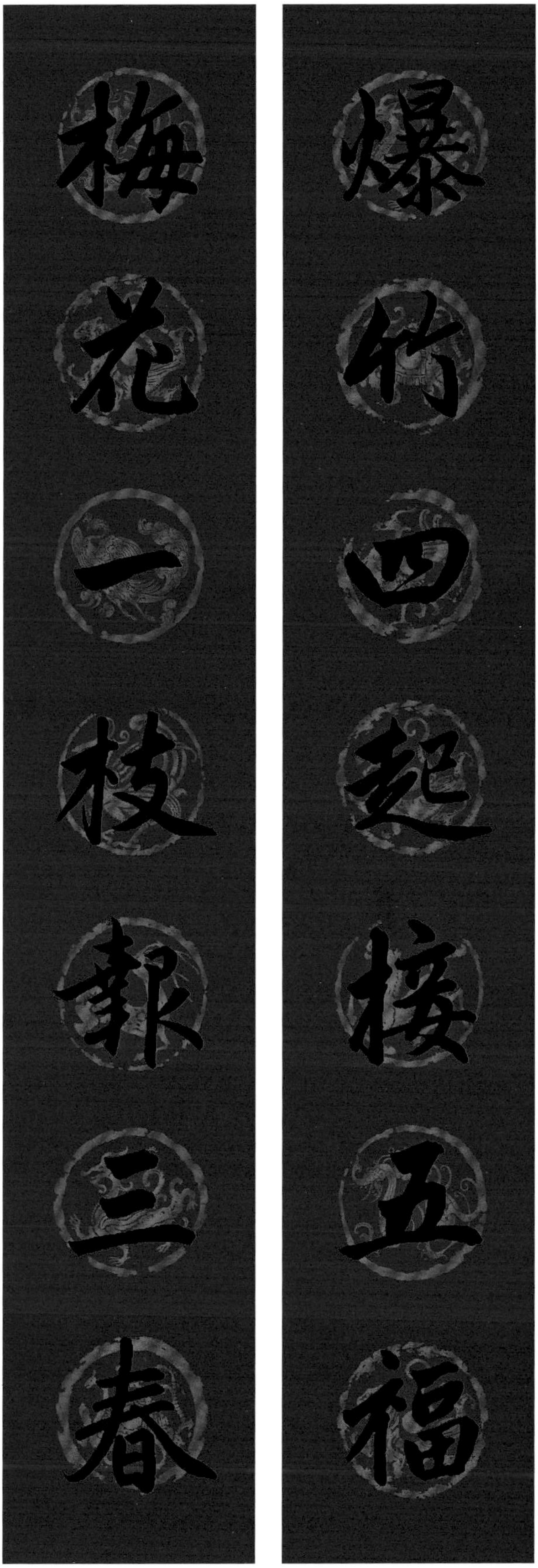

爆竹四起接五福
梅花一枝报三春

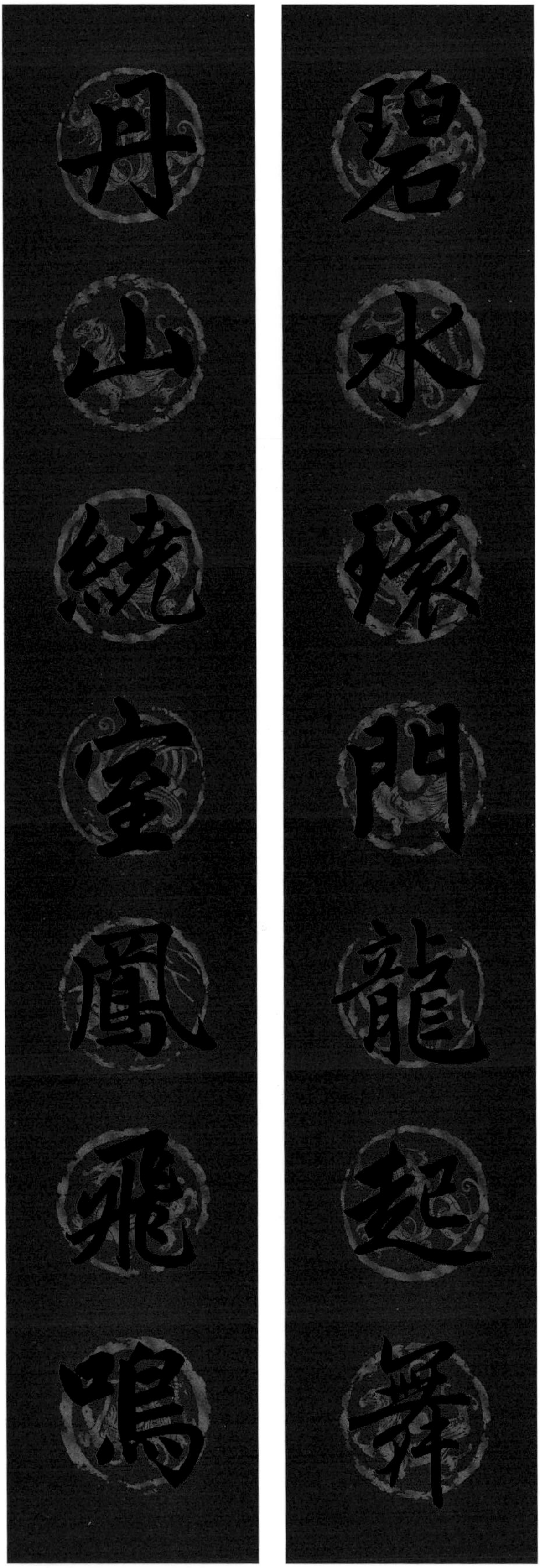

碧水环门龙起舞
丹山绕室凤飞鸣

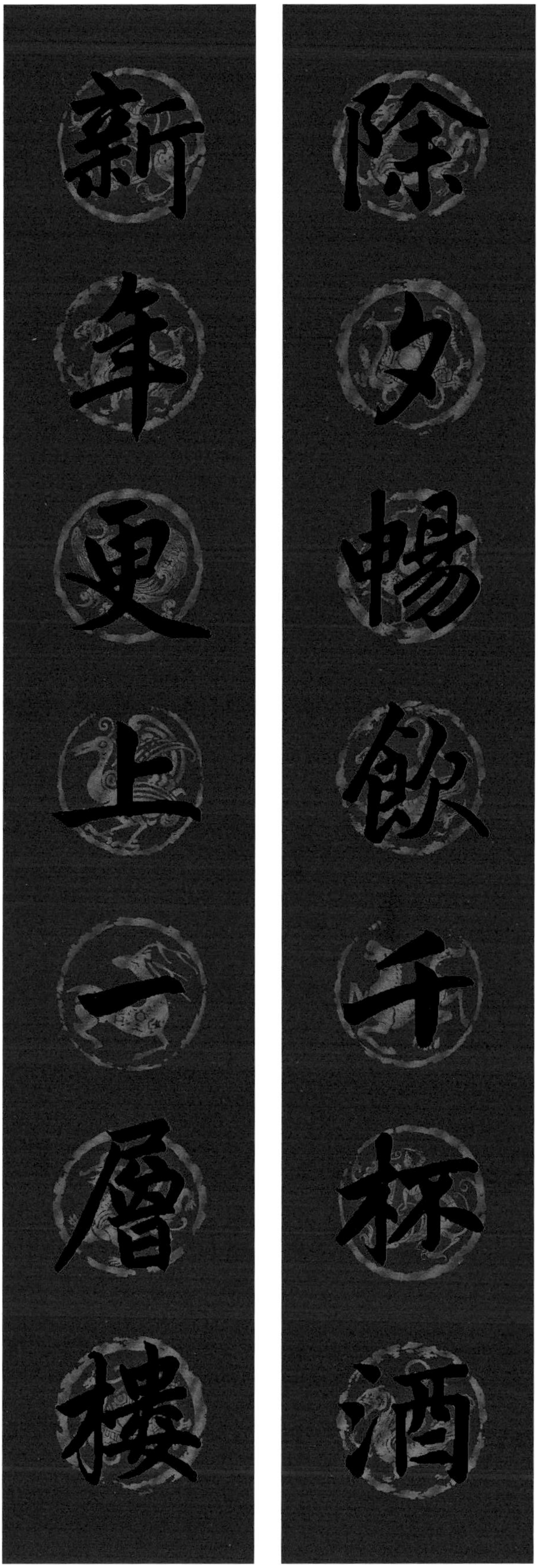

除夕畅饮千杯酒
新年更上一层楼

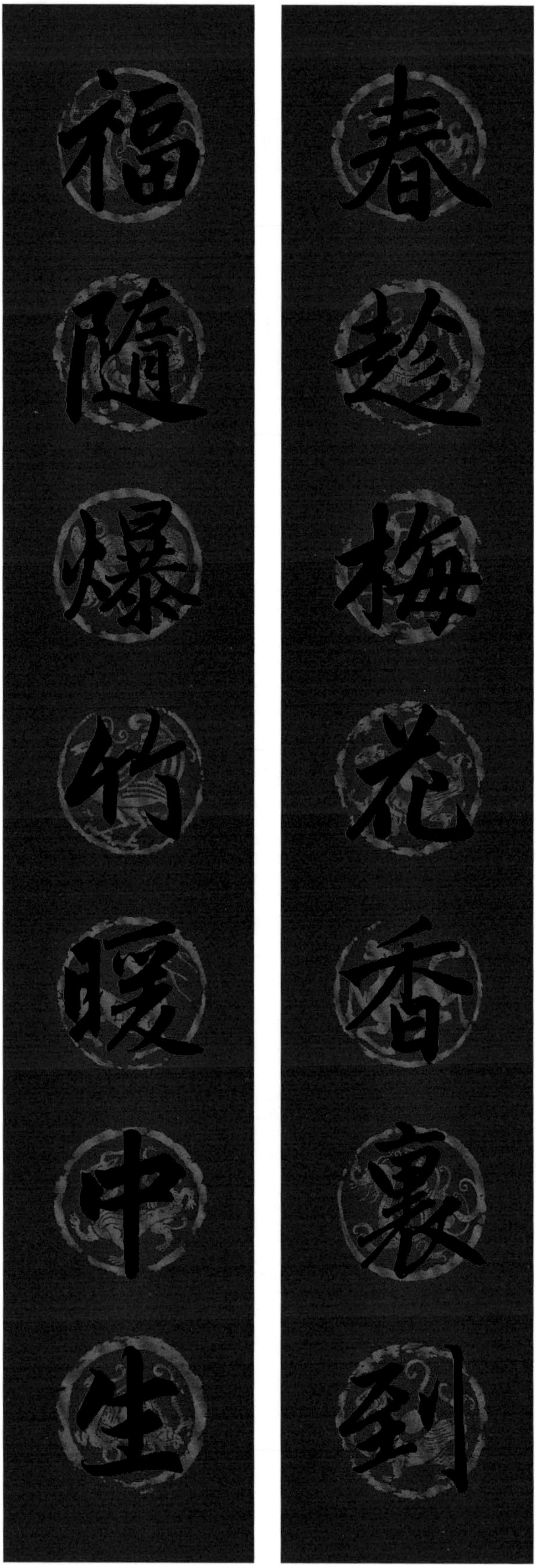

春趁梅花香里到
福随爆竹暖中生

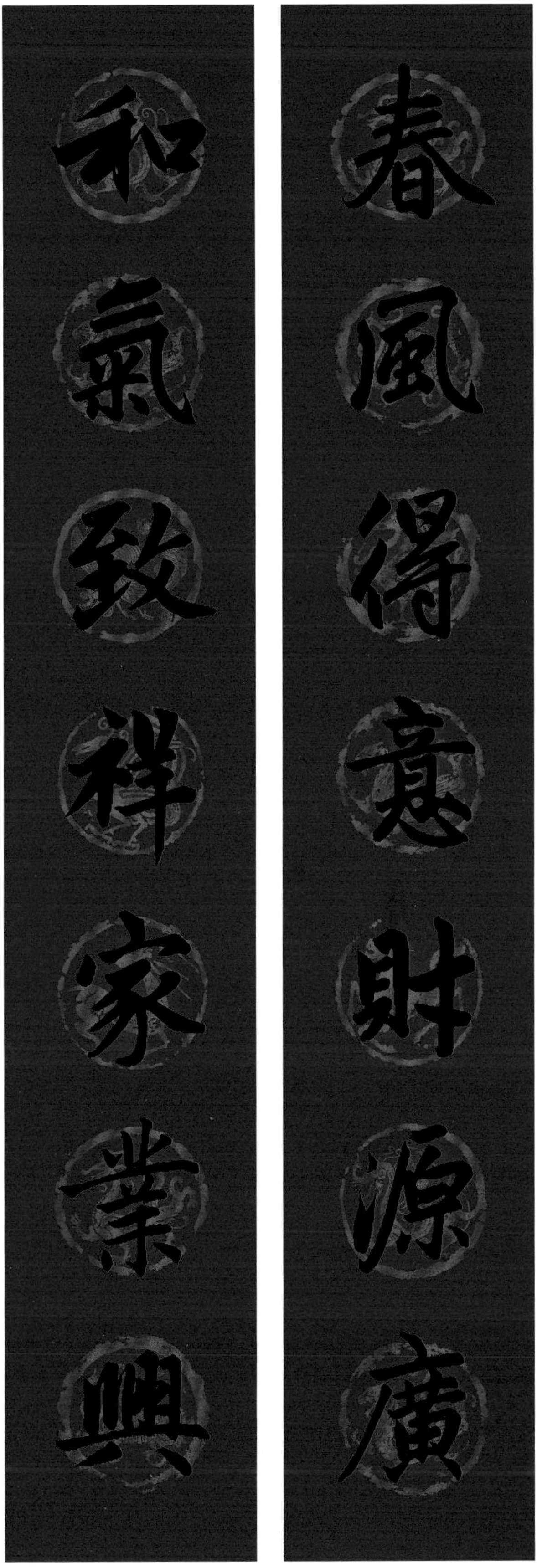

春风得意财源广
和气致祥家业兴

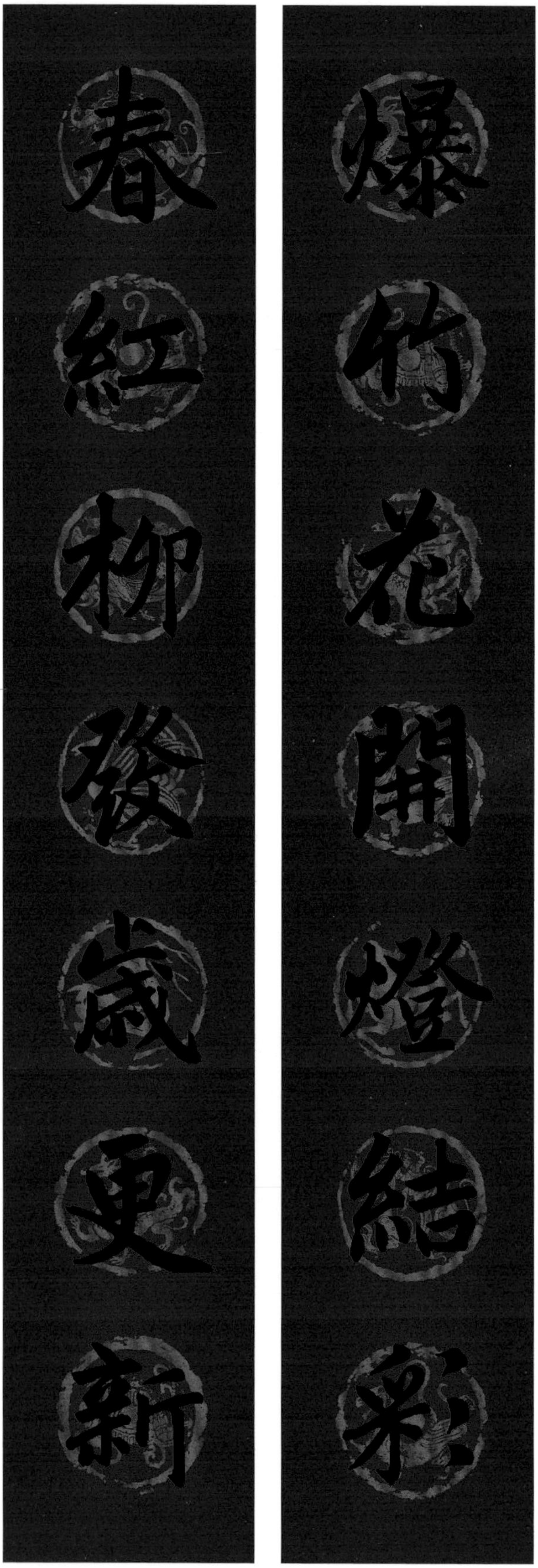

爆竹花开灯结彩
春红柳发岁更新

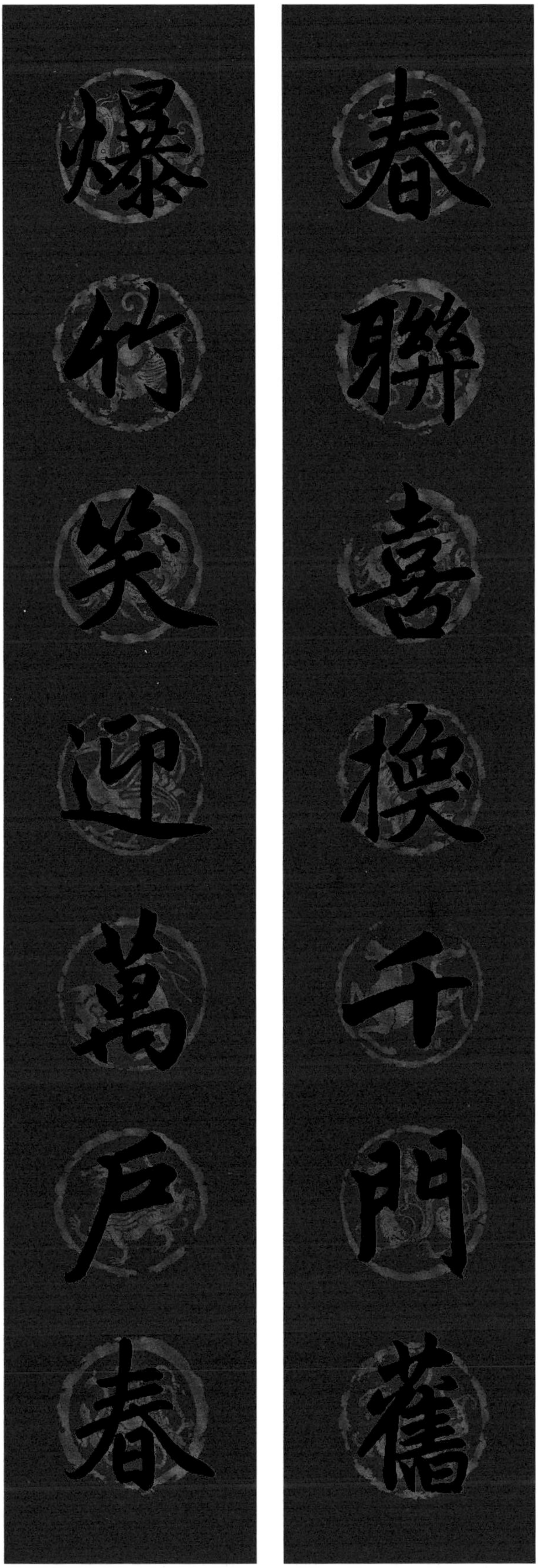

春联喜换千门旧
爆竹笑迎万户春

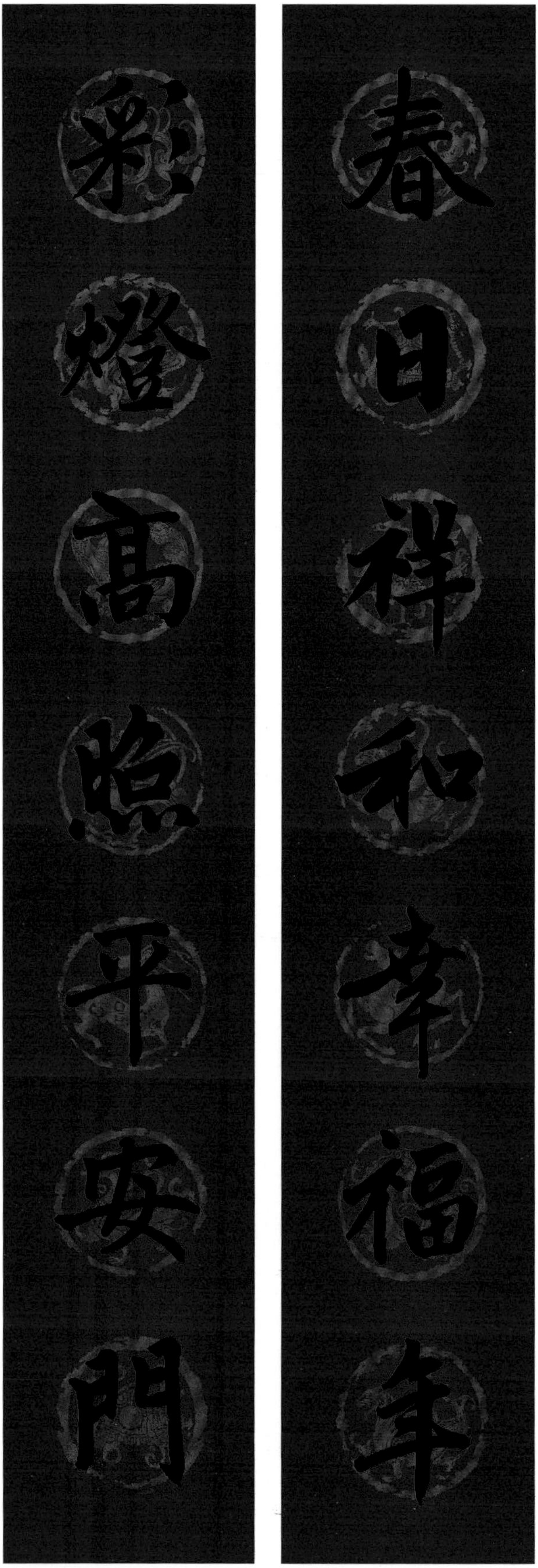

春日祥和幸福年
彩灯高照平安门

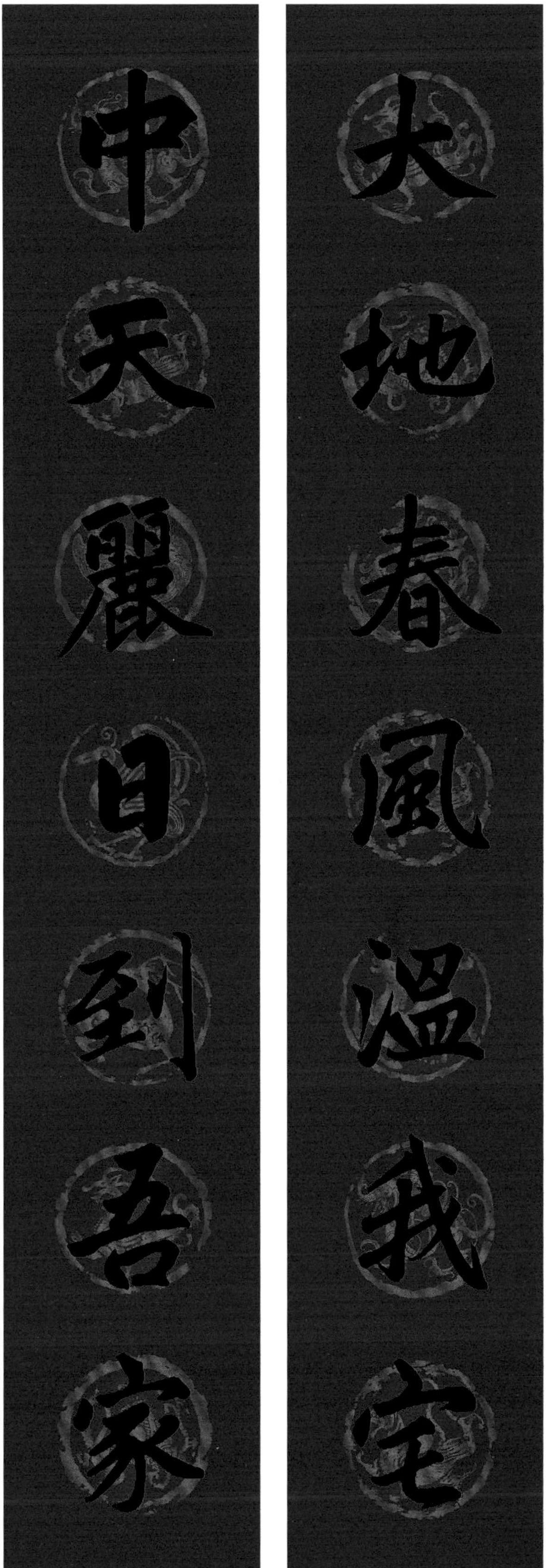

大地春风温我宅
中天丽日到吾家

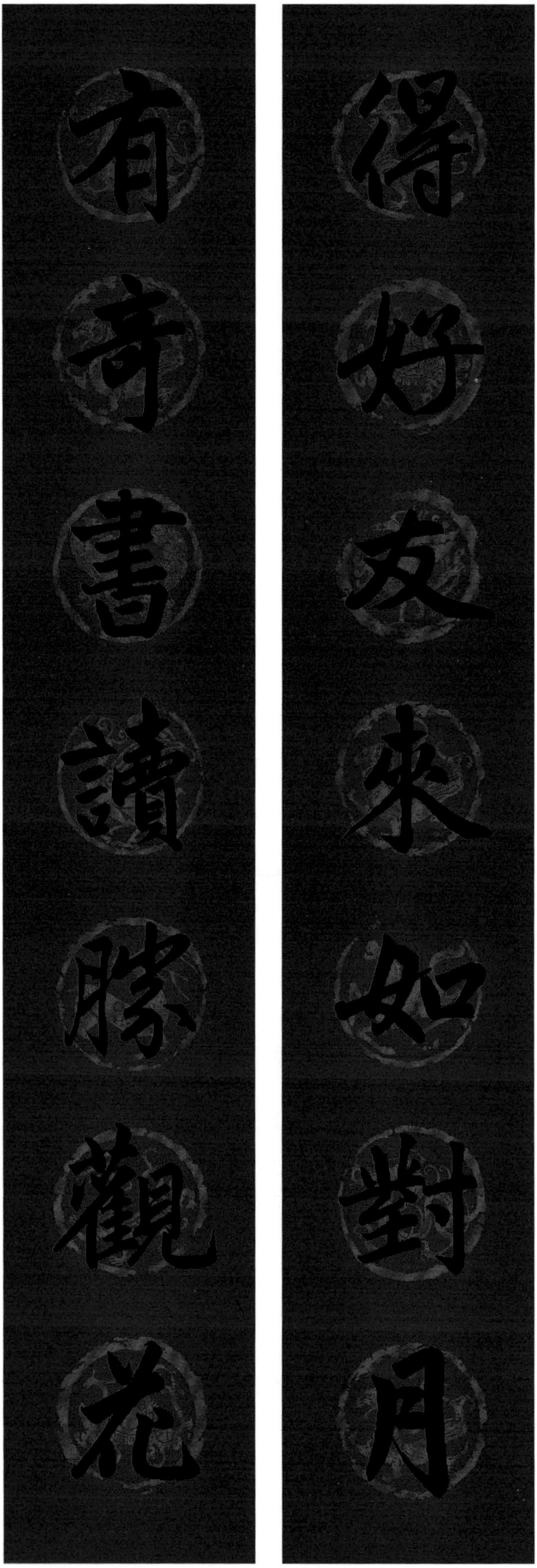

得好友来如对月
有奇书读胜观花

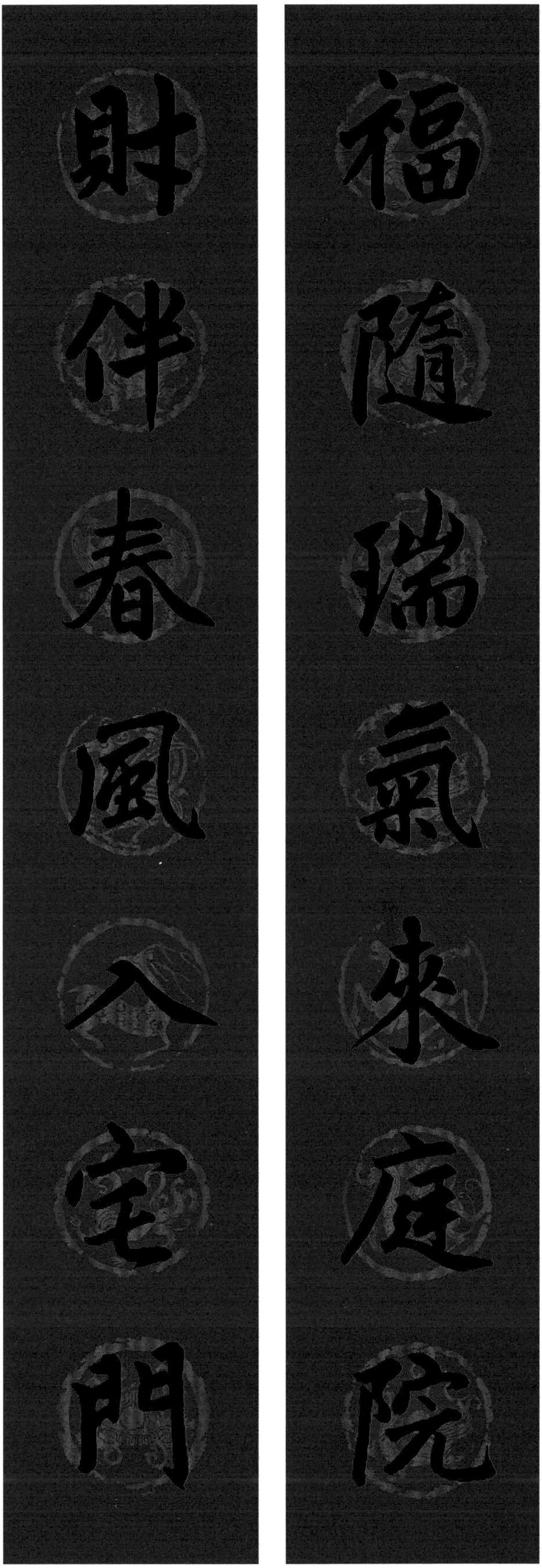

福随瑞气来庭院
财伴春风入宅门

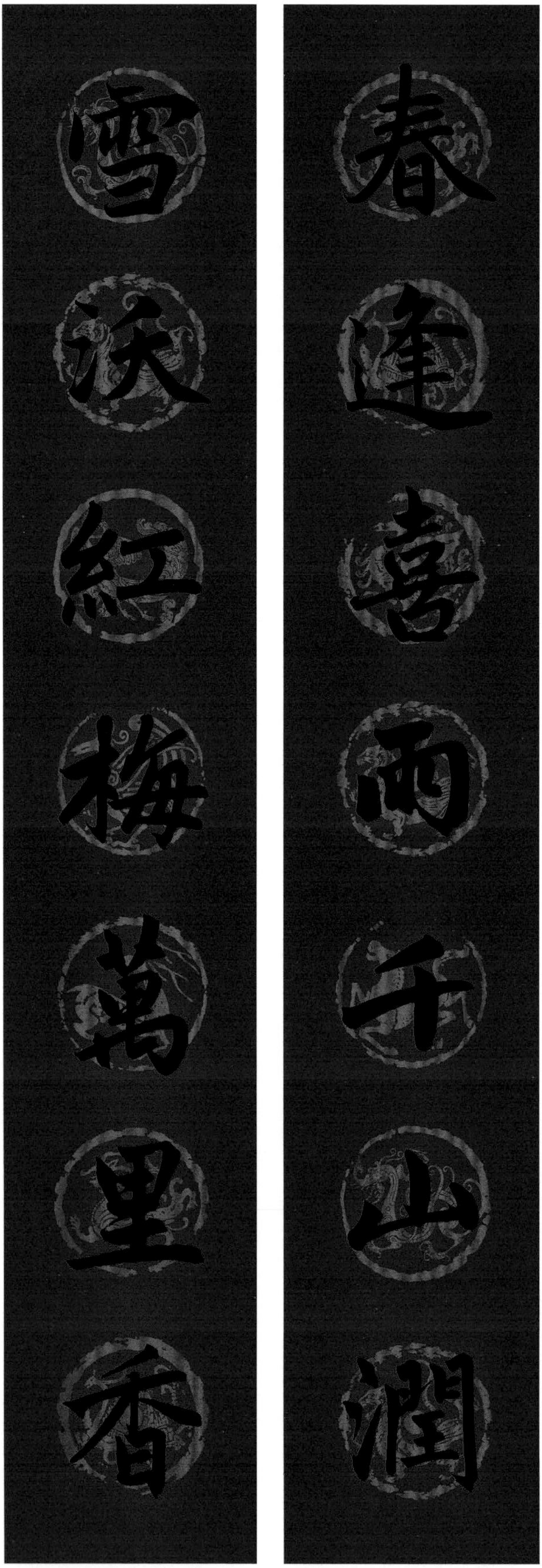

春逢喜雨千山润
雪沃红梅万里香

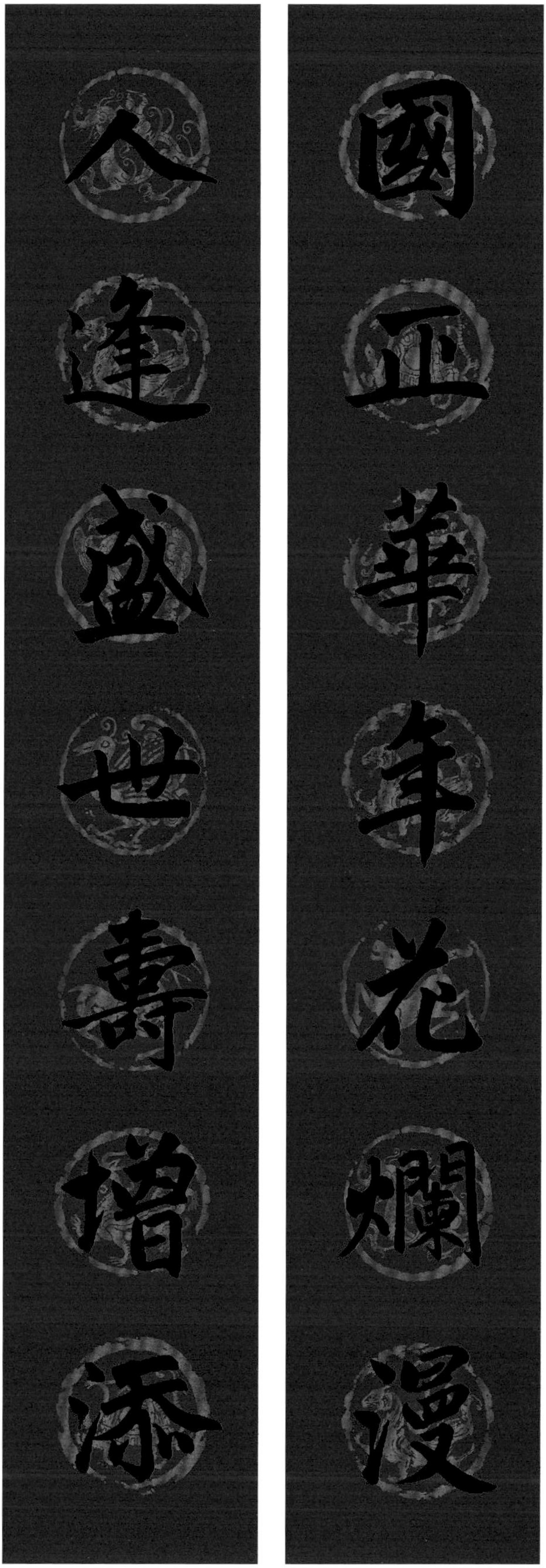

国正华年花烂漫
人逢盛世寿增添

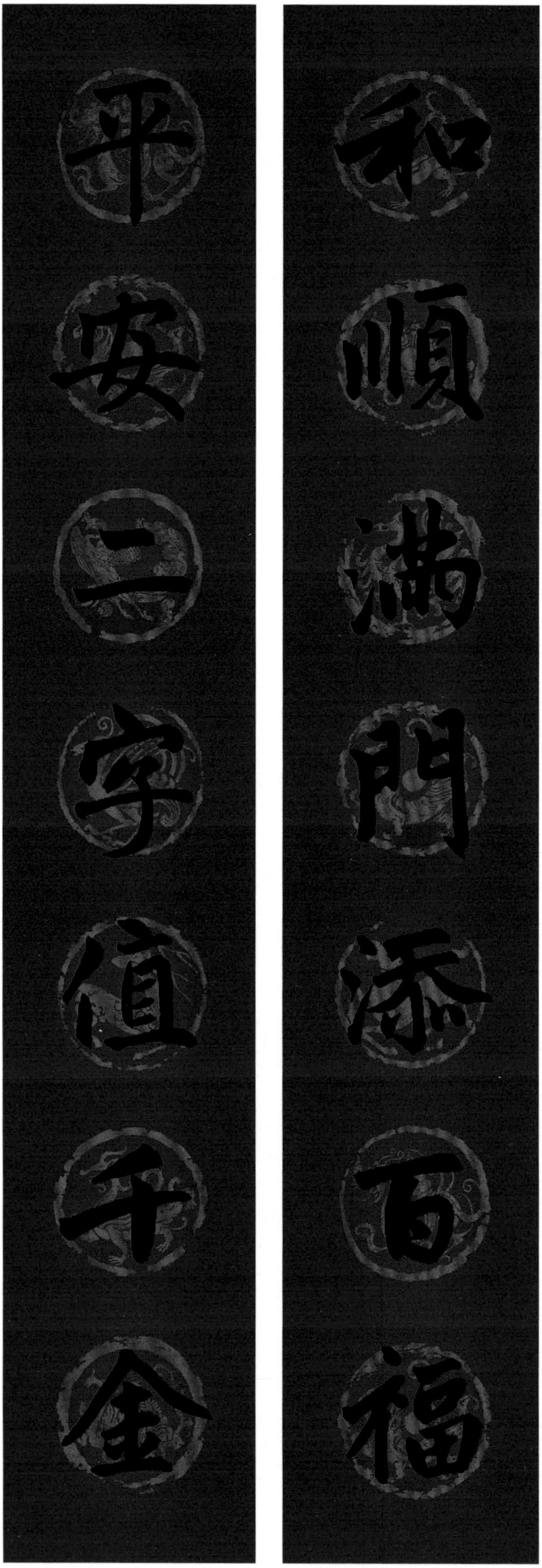

和顺满门添百福

平安二字值千金

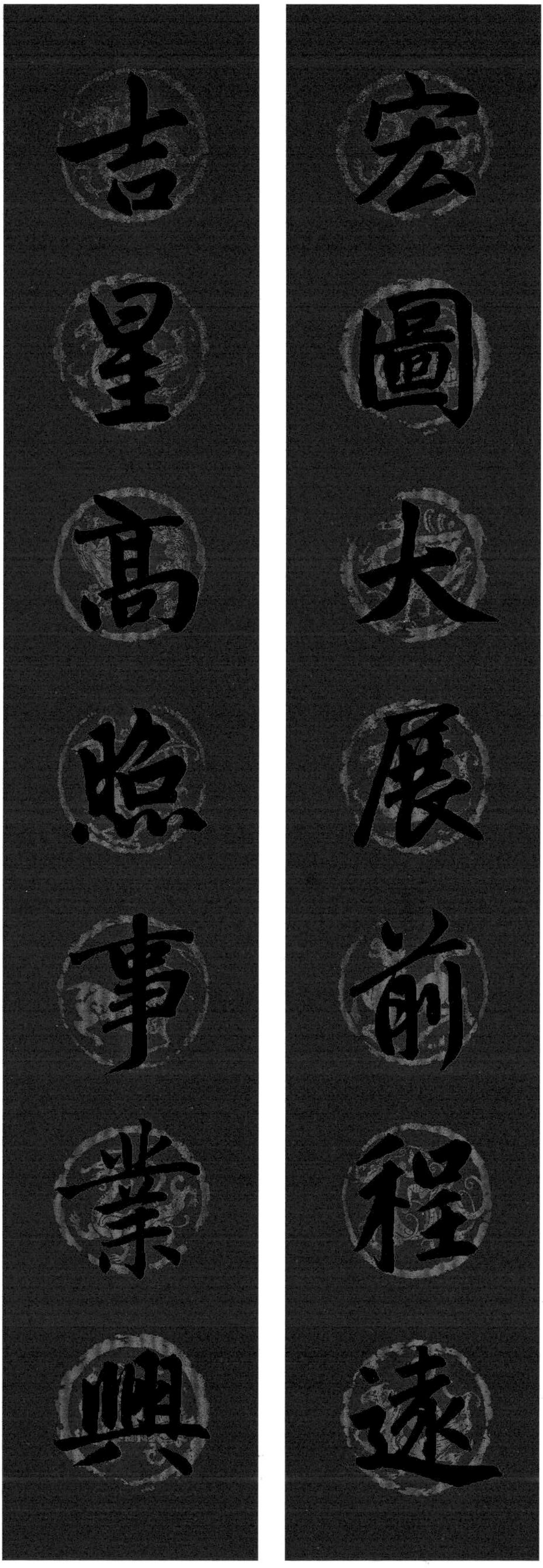

宏图大展前程远
吉星高照事业兴

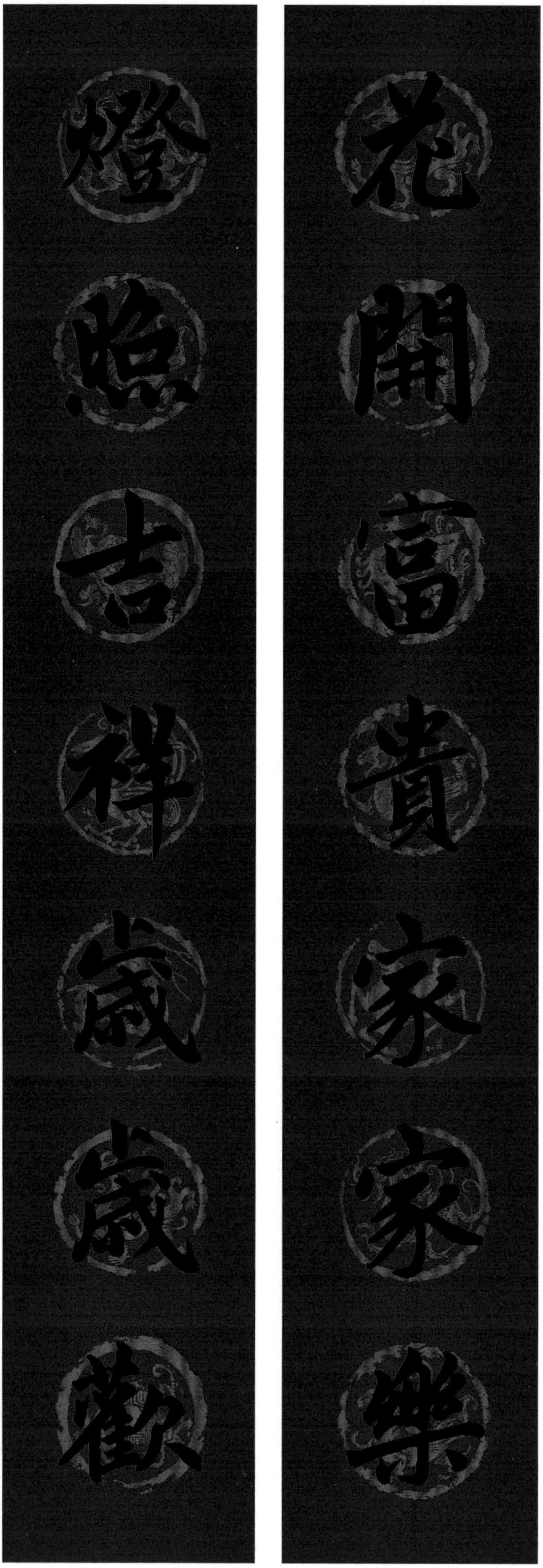

花开富贵家家乐
灯照吉祥岁岁欢

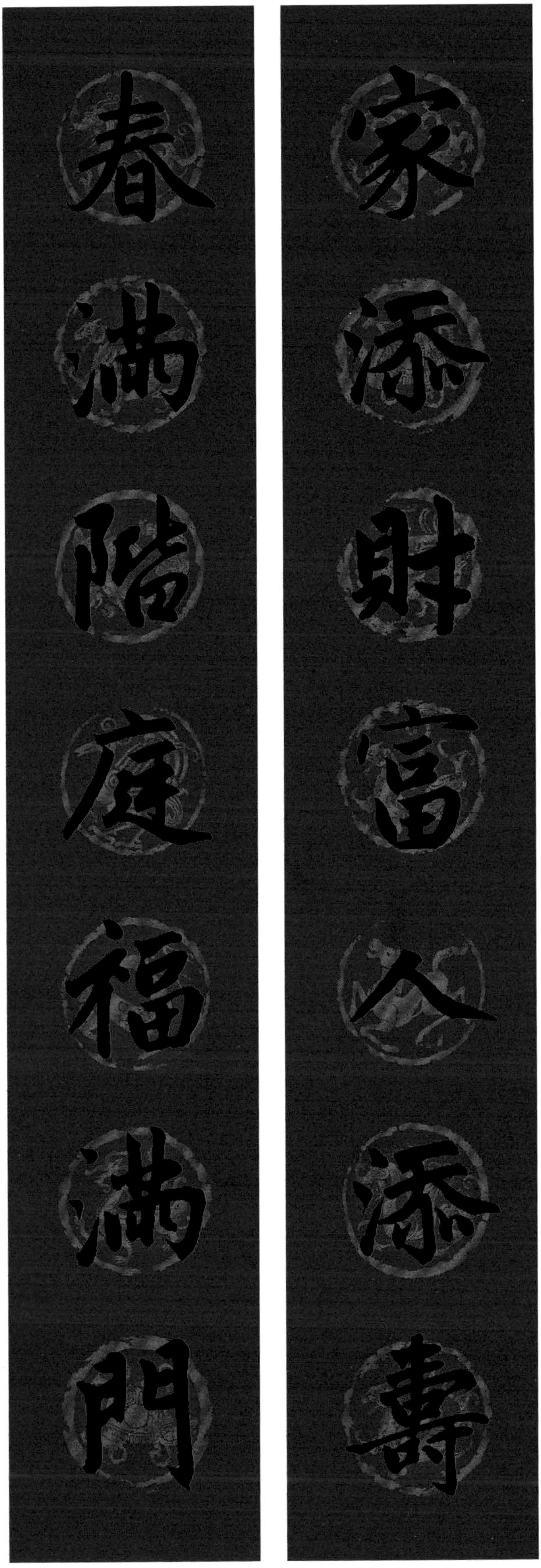

家添财富人添寿
春满阶庭福满门

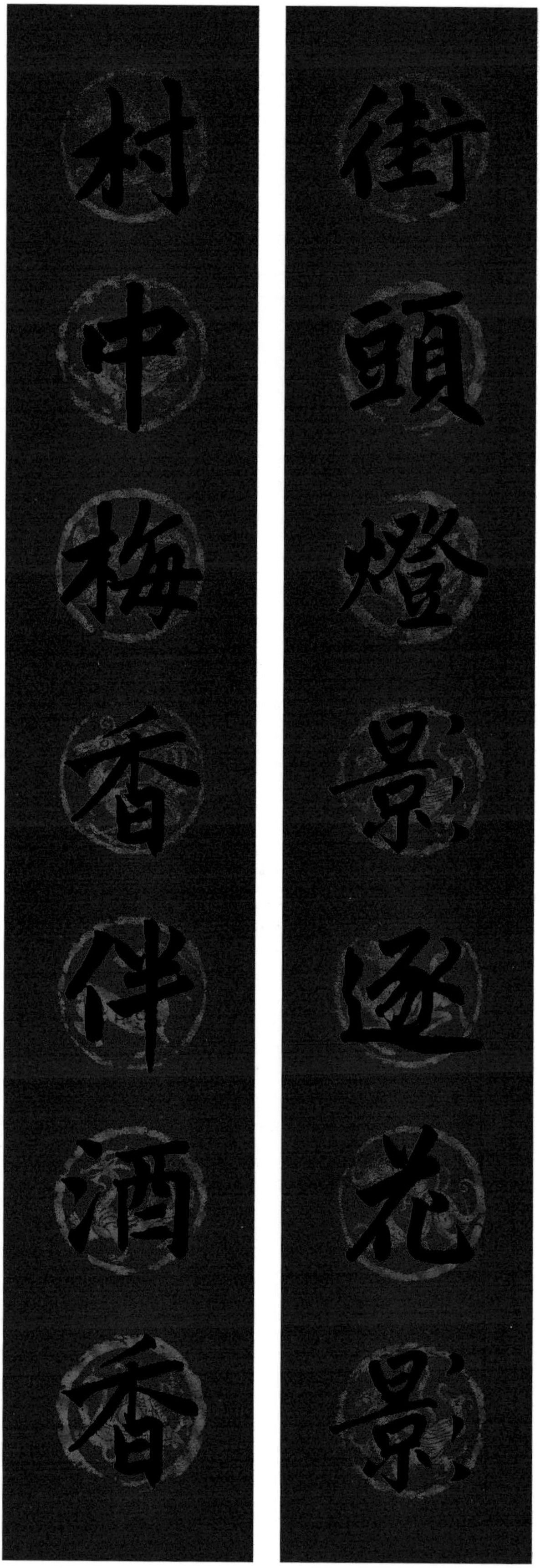

街头灯影逐花影
村中梅香伴酒香

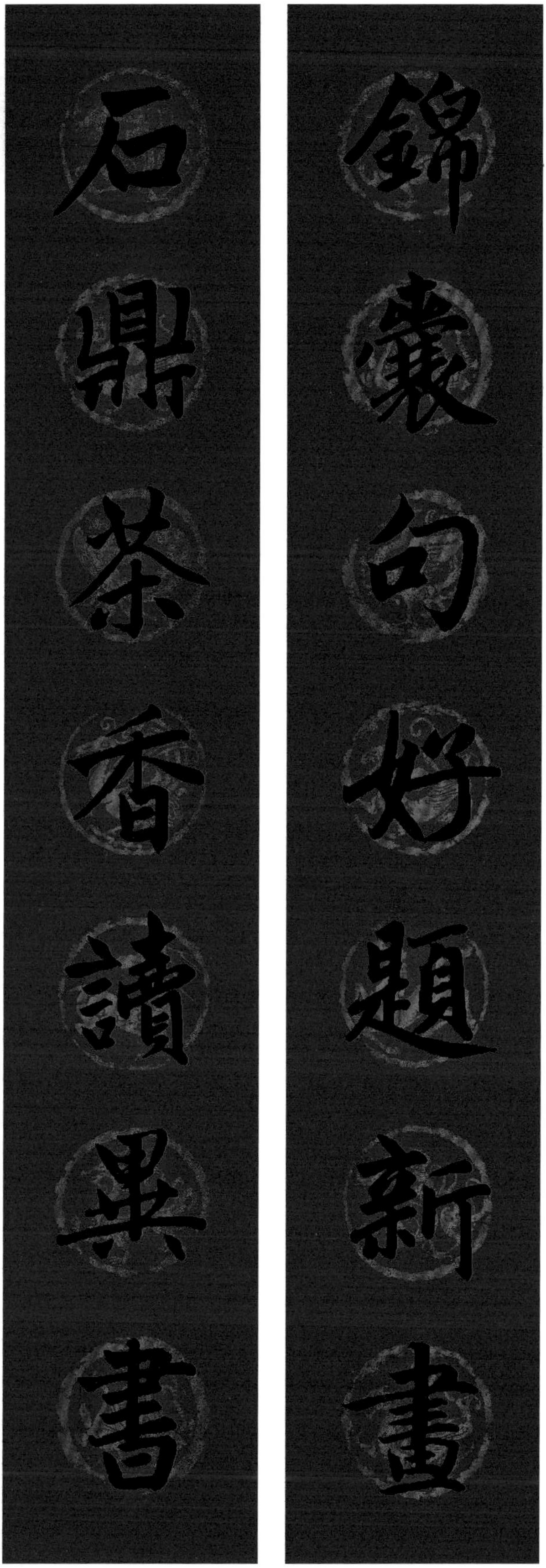

锦囊句好题新画
石鼎茶香读异书

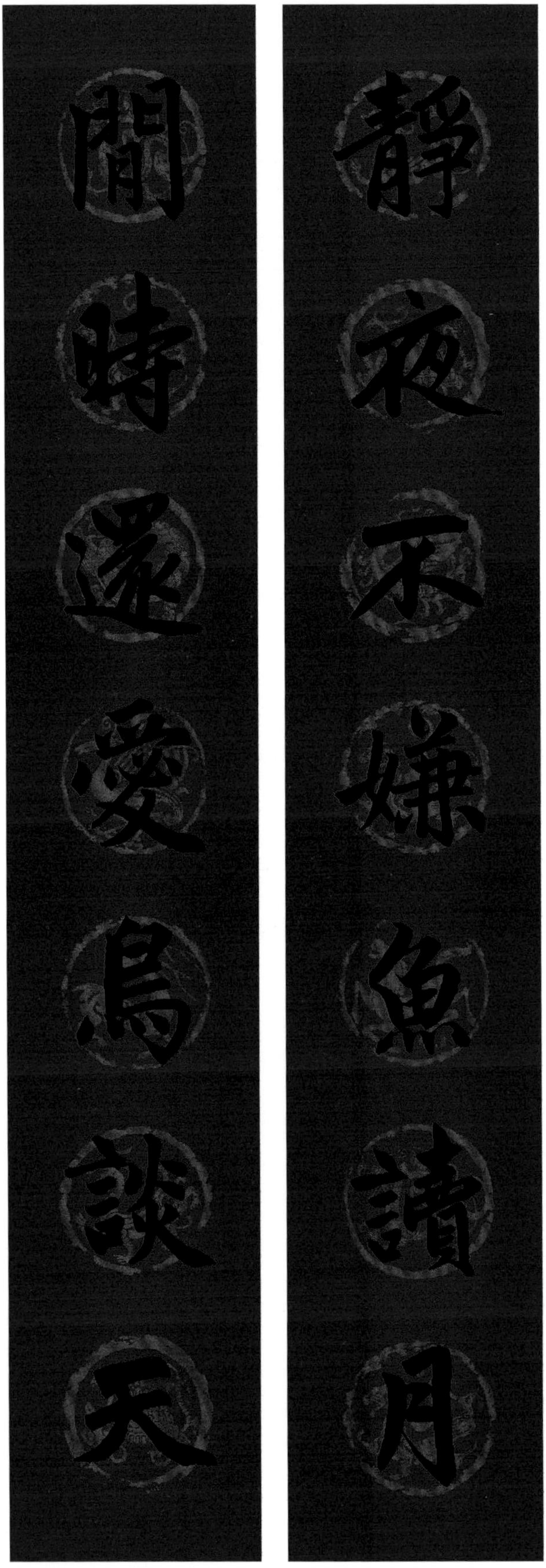

静夜不嫌鱼读月
闲时还爱鸟谈天

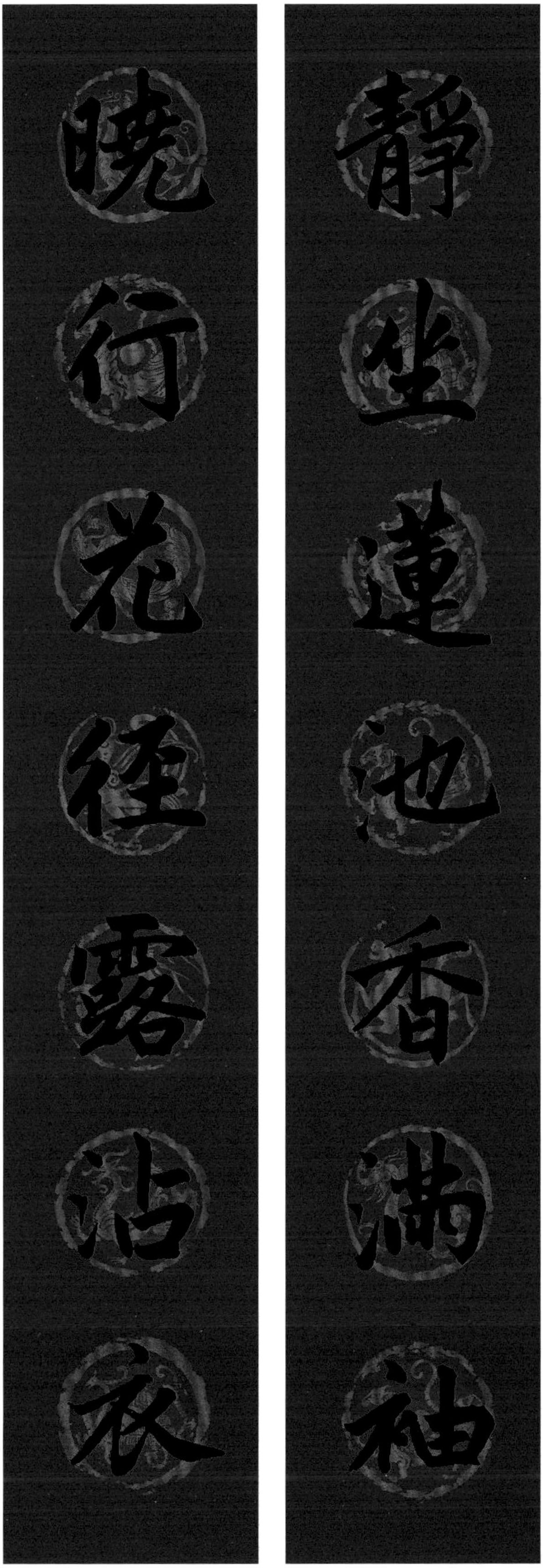

静坐莲池香满袖
晓行花径露沾衣

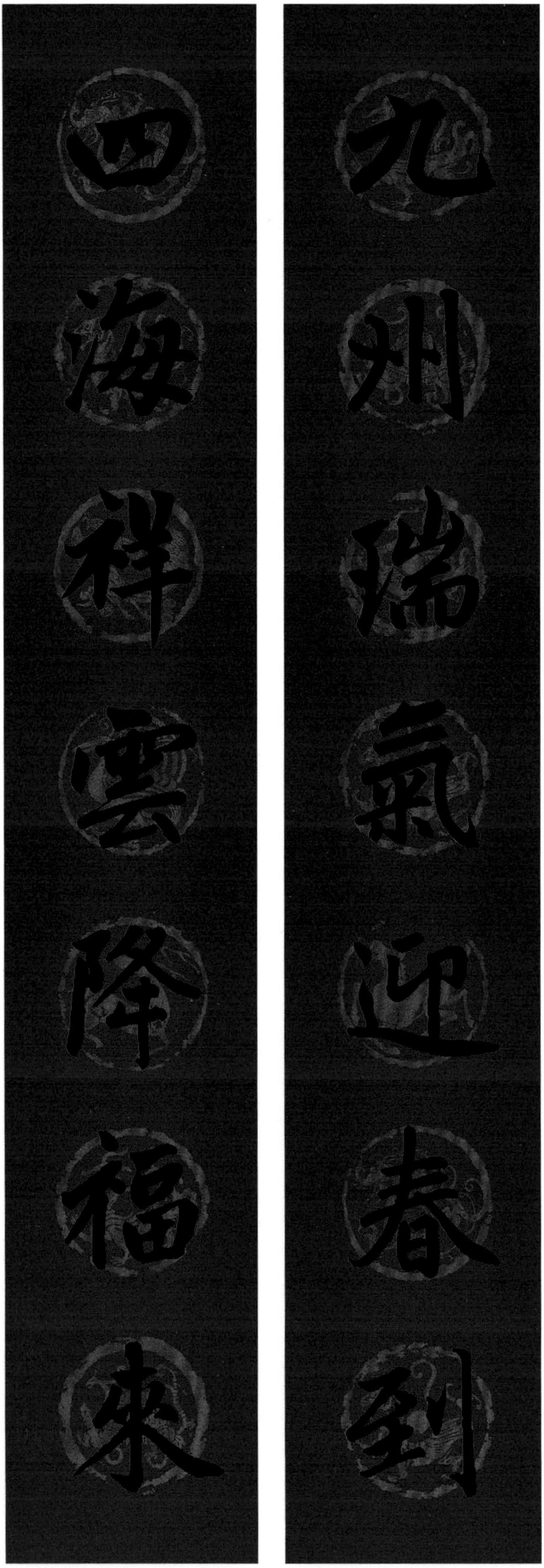

九州瑞气迎春到
四海祥云降福来

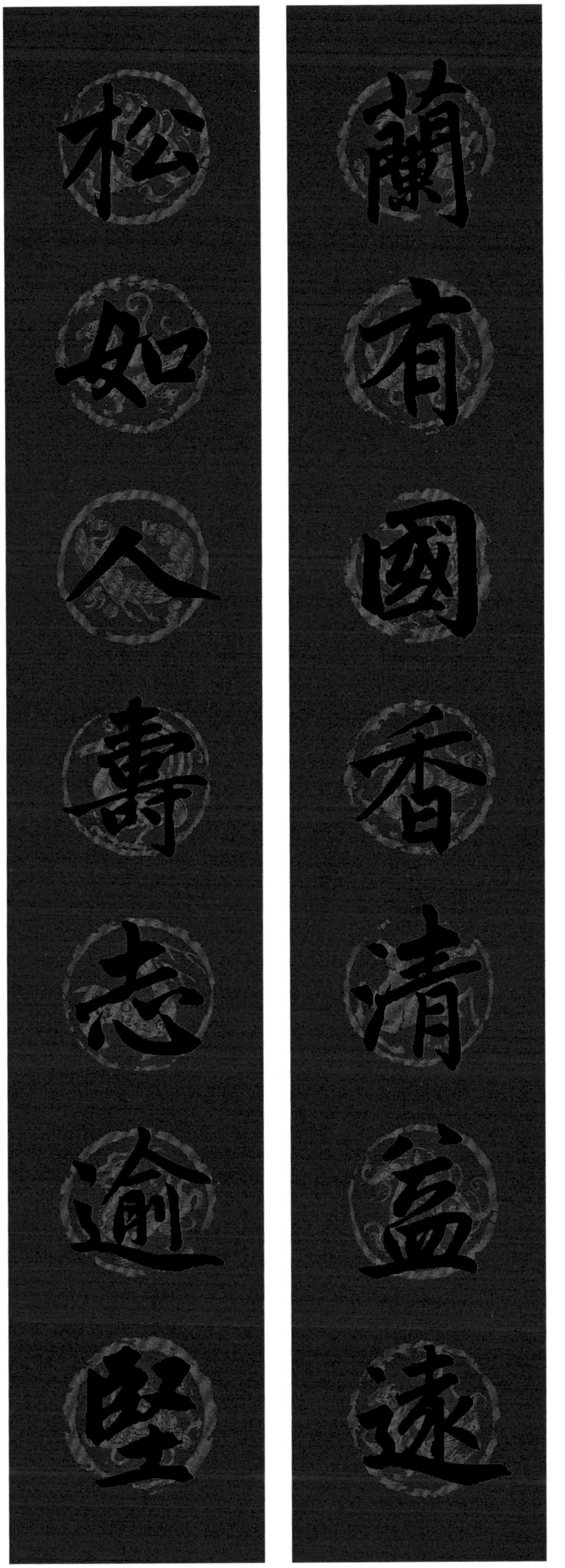

兰有国香清益远
松如人寿志逾坚

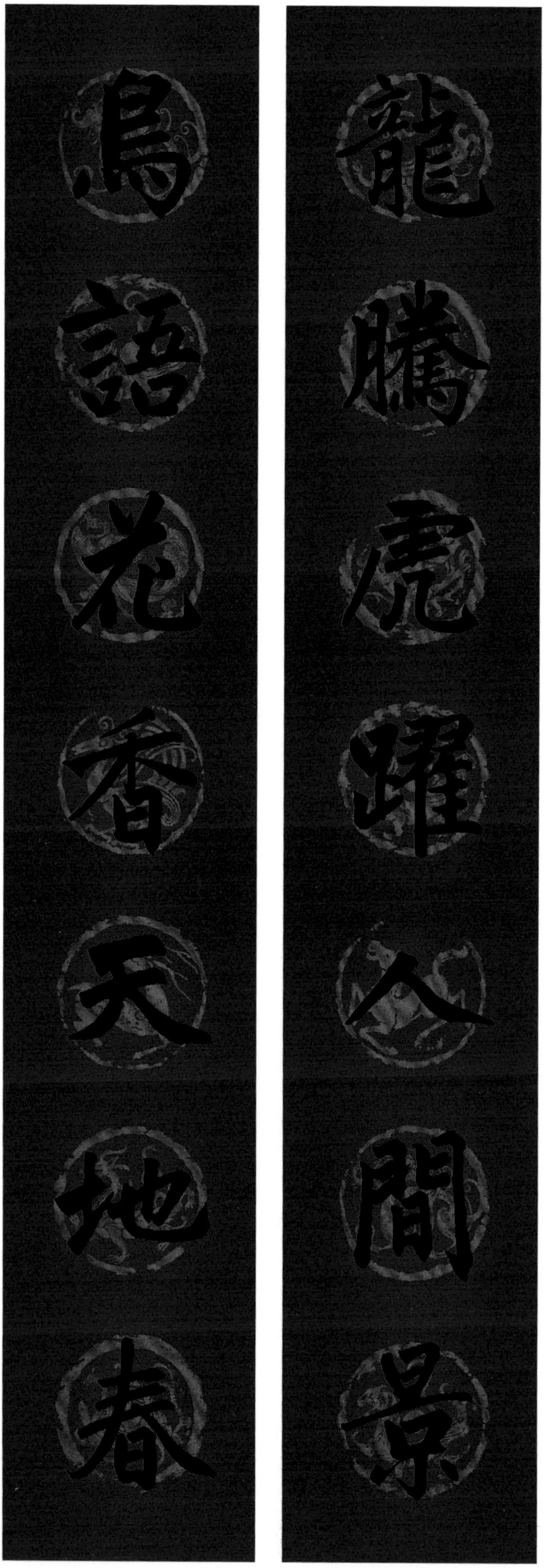

龙腾虎跃人间景
鸟语花香天地春

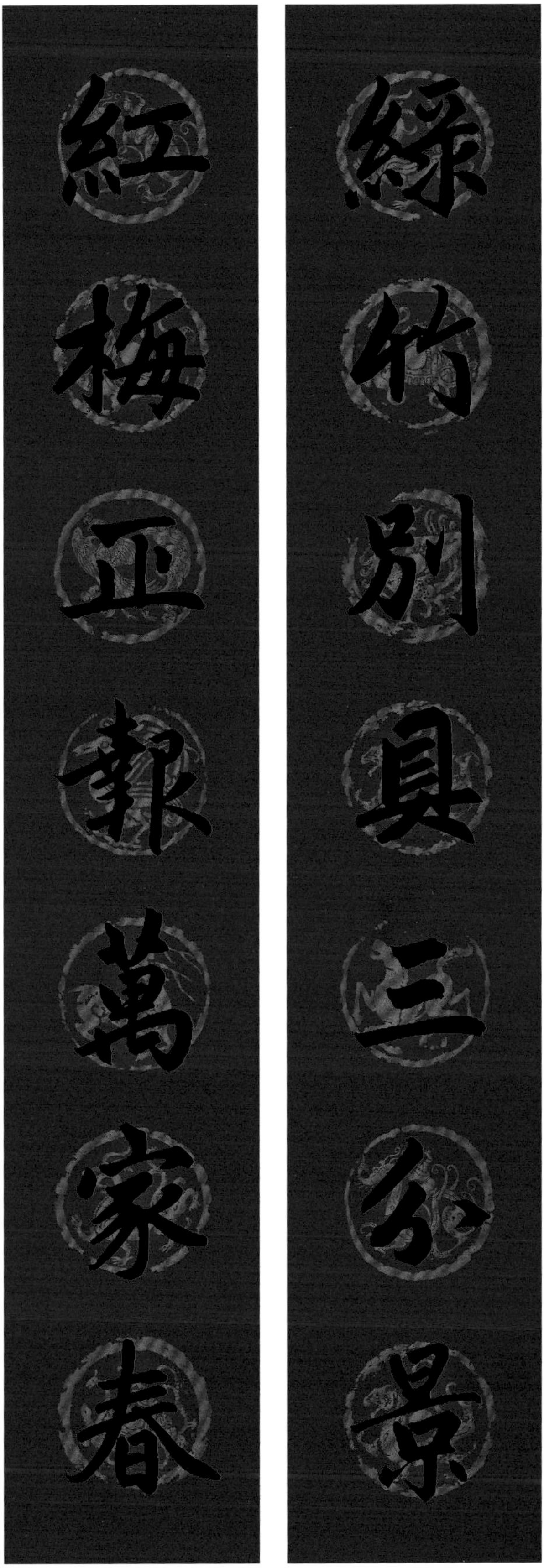

绿竹别具三分景
红梅正报万家春

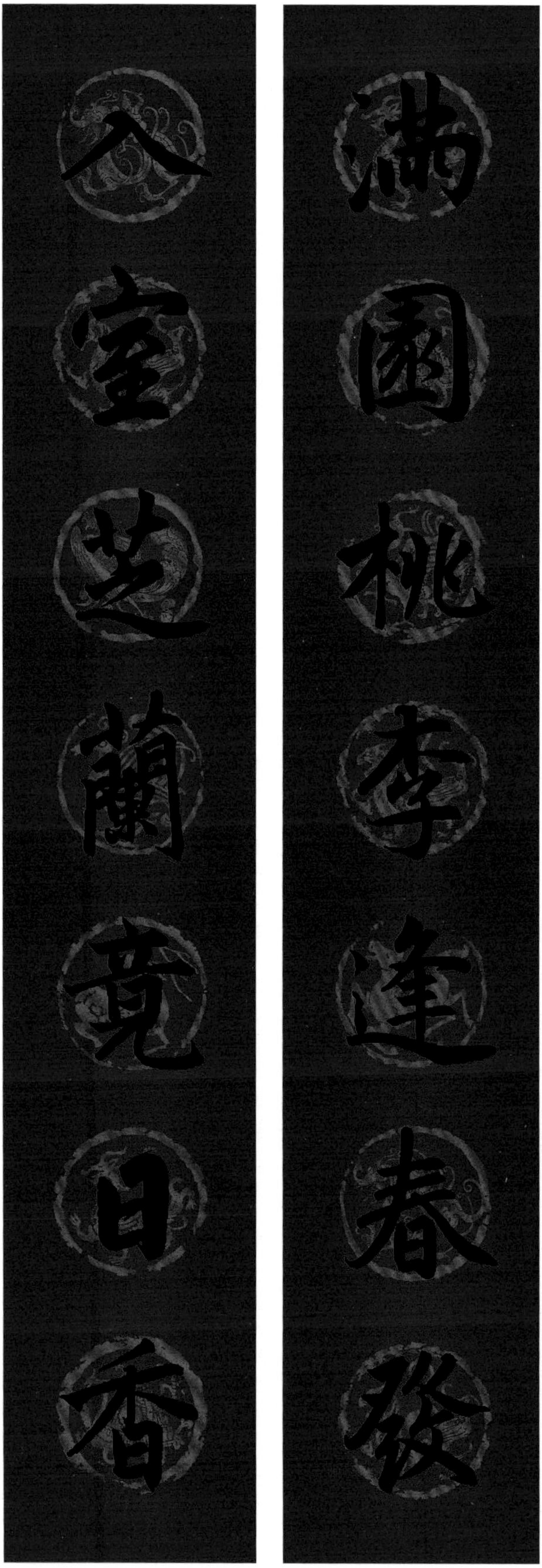

满园桃李逢春发
入室芝兰竟日香

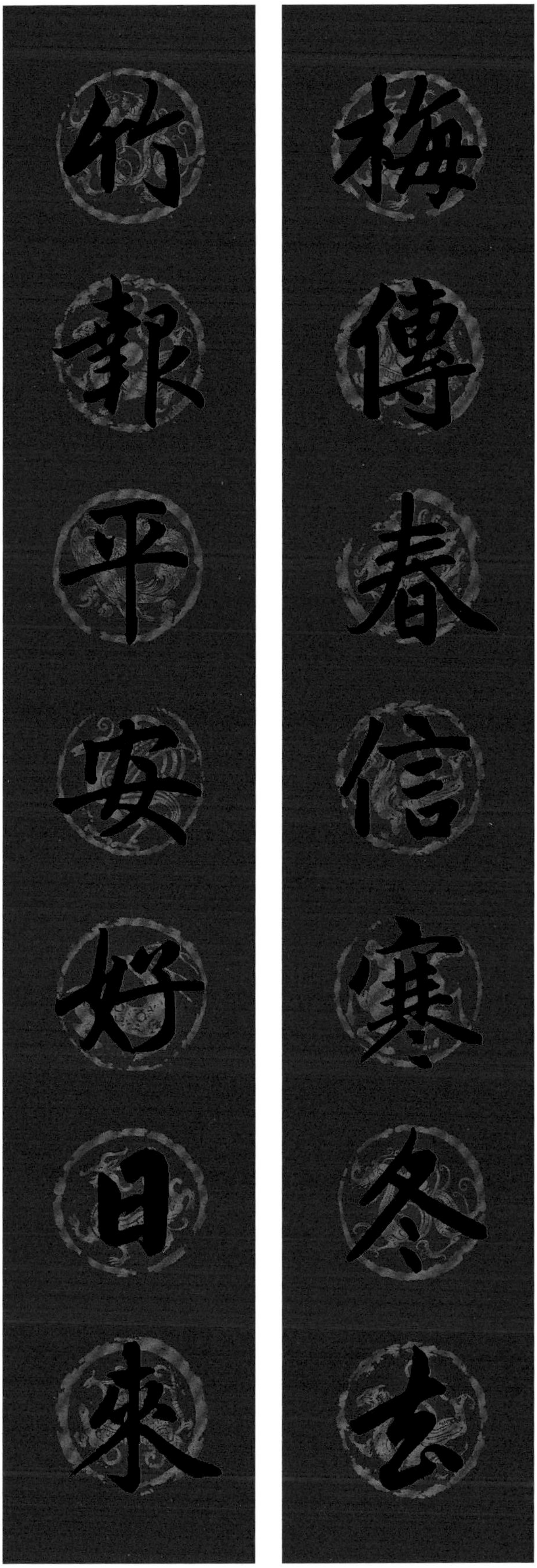

梅传春信寒冬去
竹报平安好日来

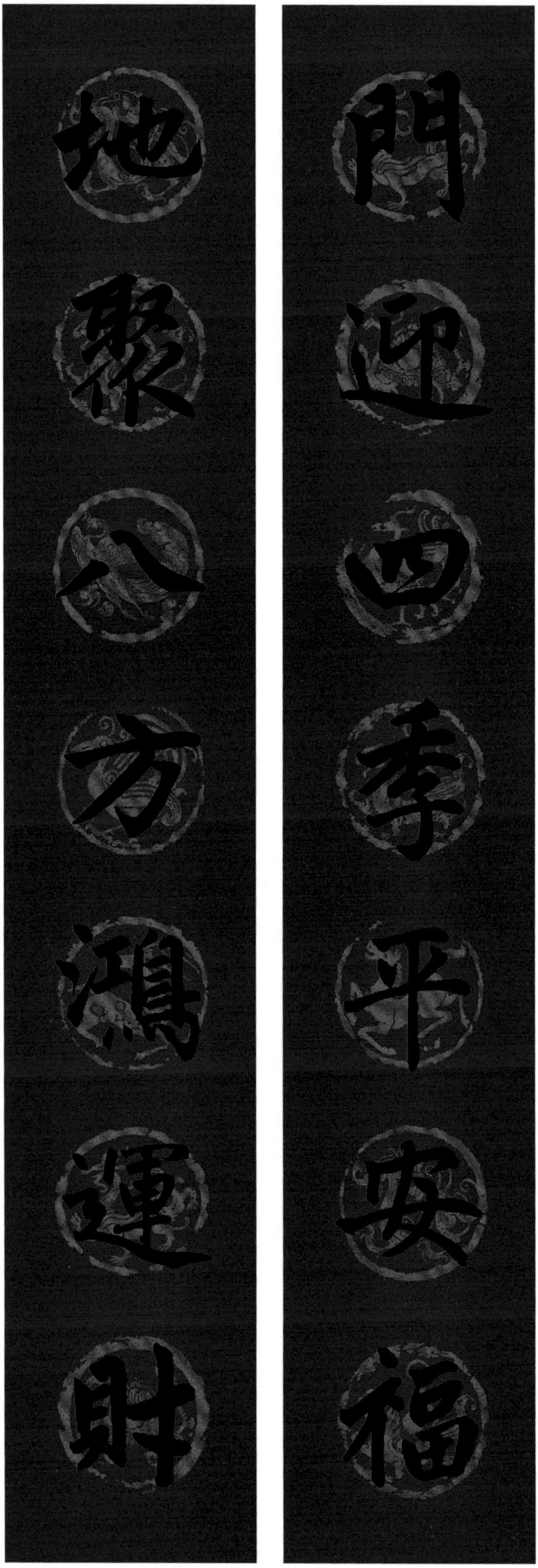

门迎四季平安福
地聚八方鸿运财

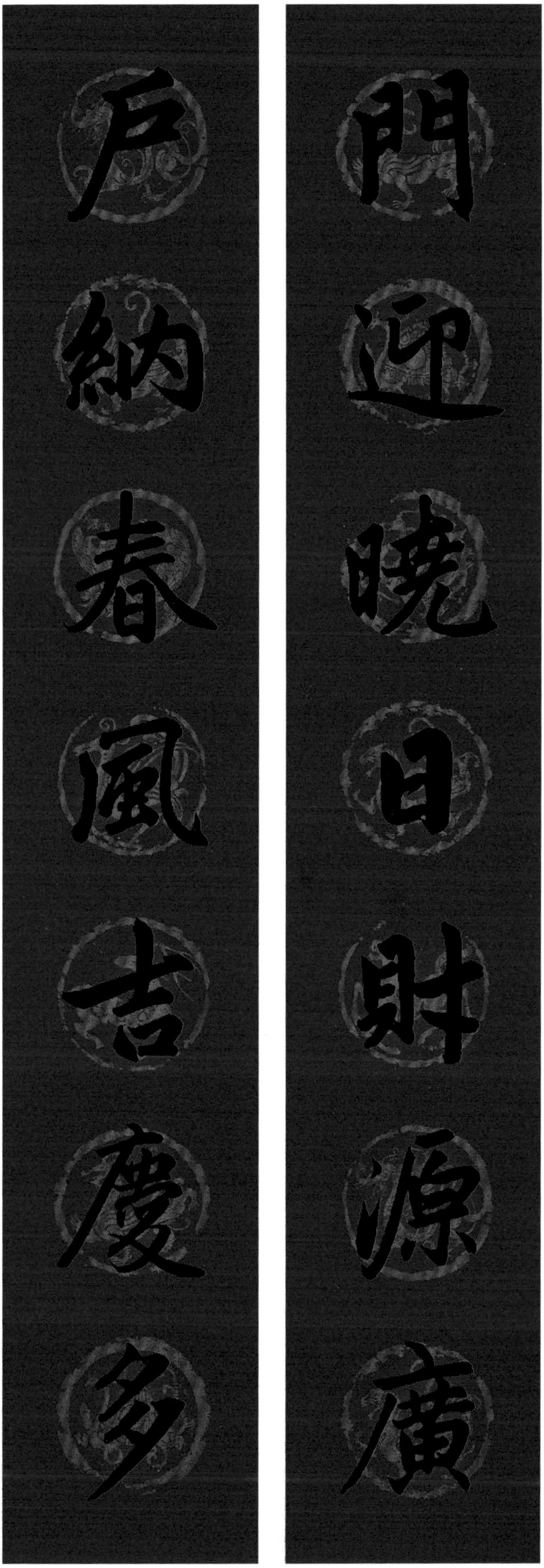

门迎晓日财源广
户纳春风吉庆多

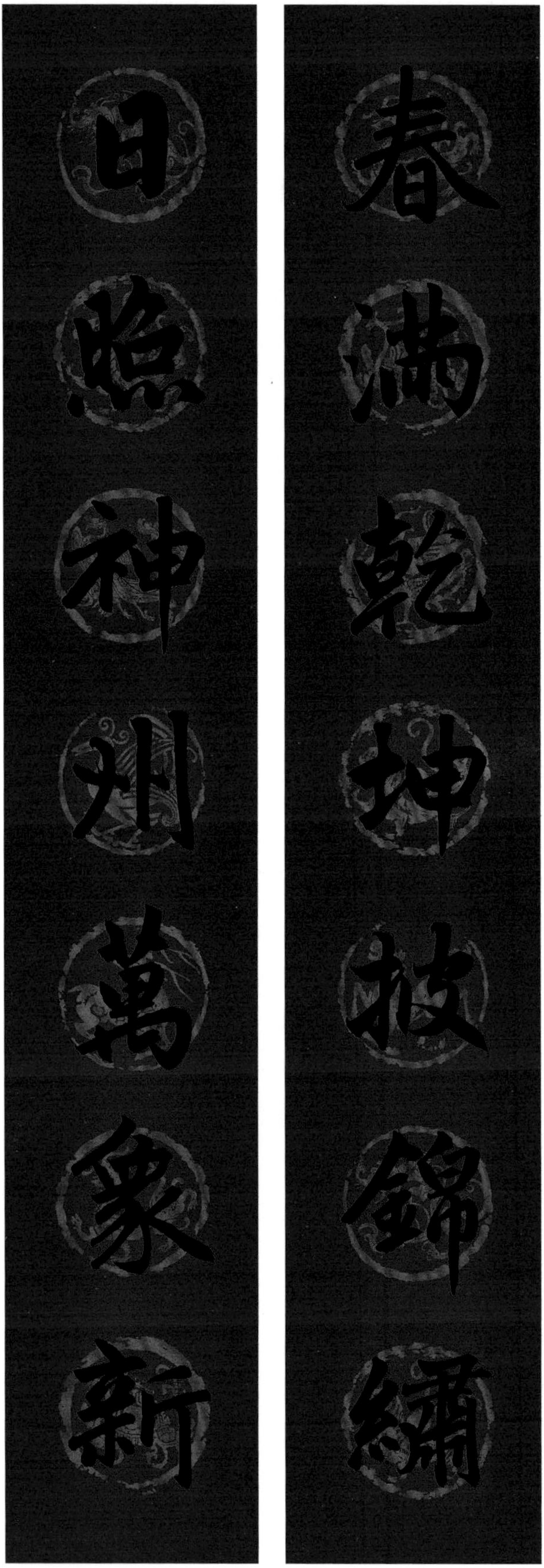

春满乾坤披锦绣
日照神州万象新

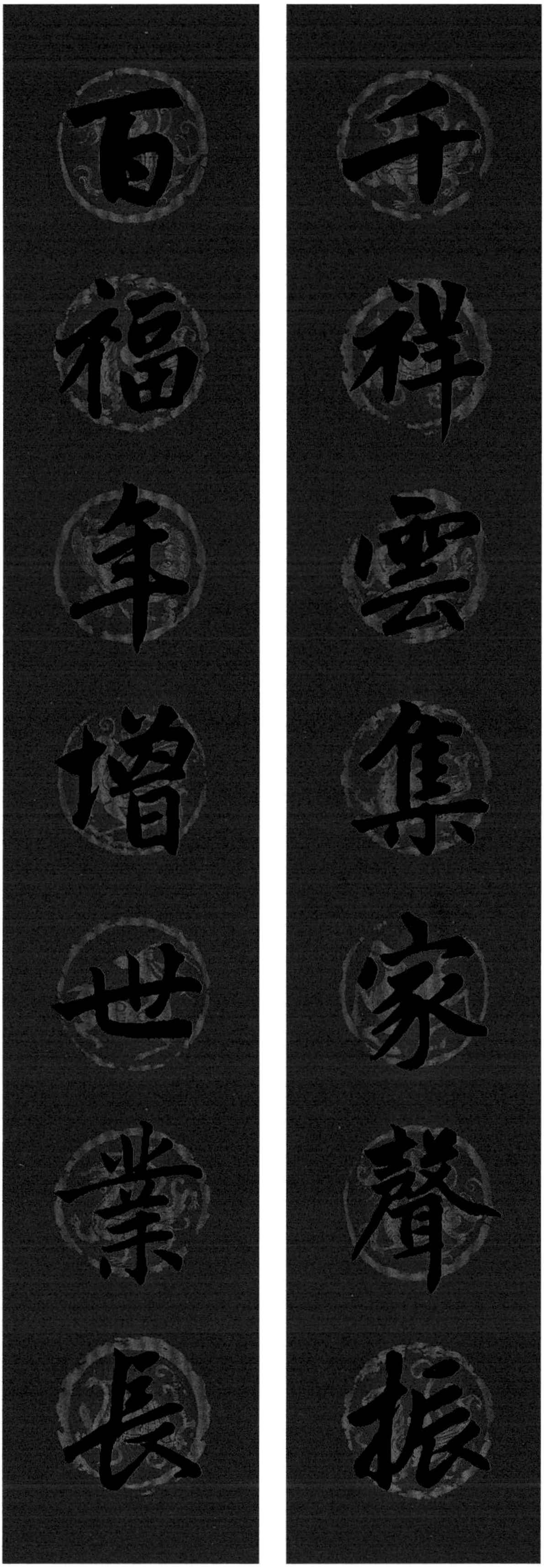

千祥云集家声振
百福年增世业长

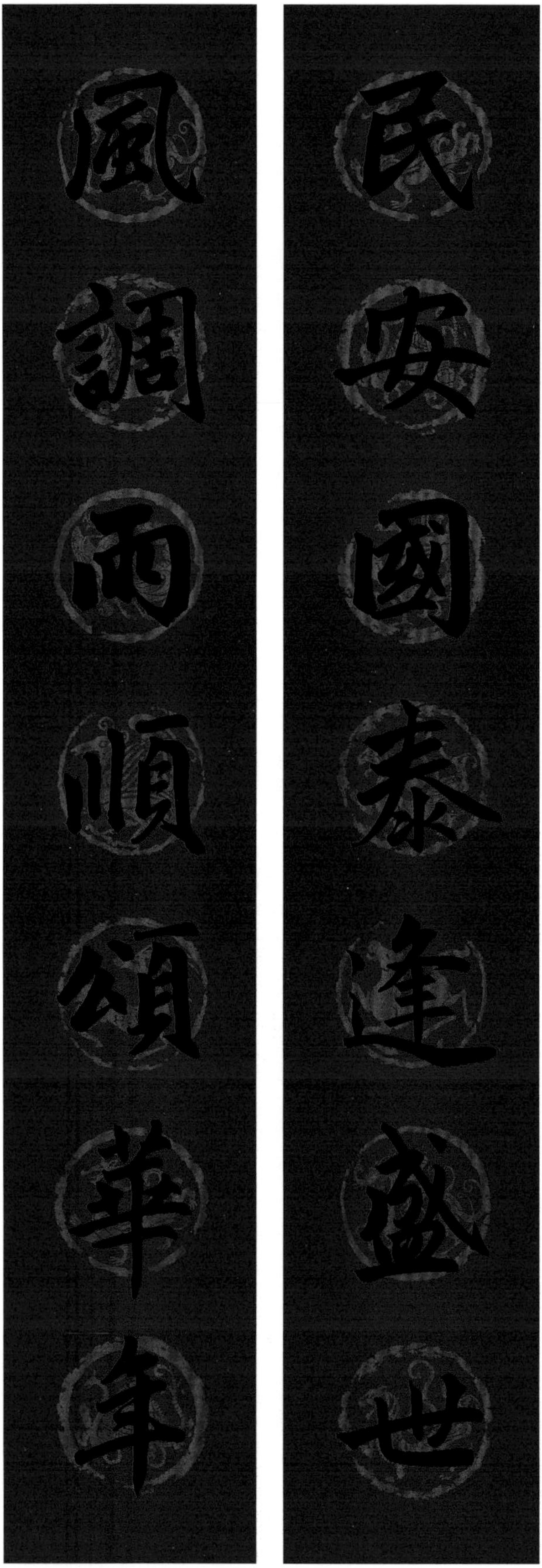

民安国泰逢盛世
风调雨顺颂华年

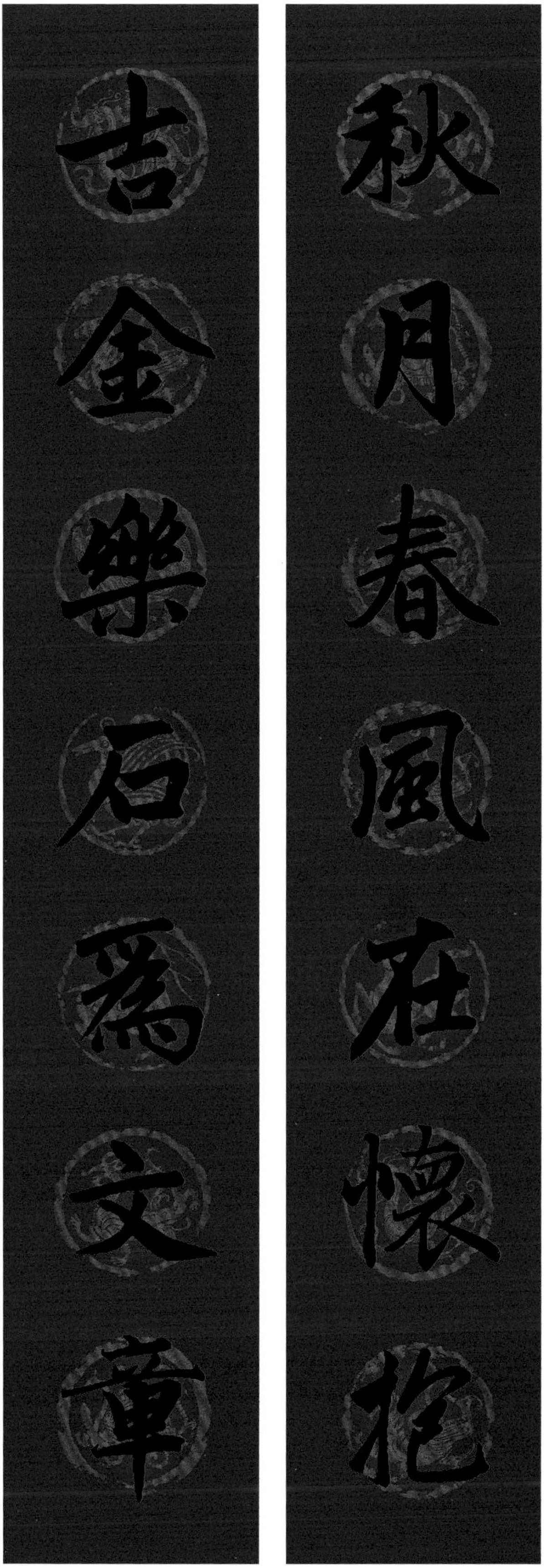
秋月春風在懷抱
吉金樂石爲文章

秋月春风在怀抱
吉金乐石为文章

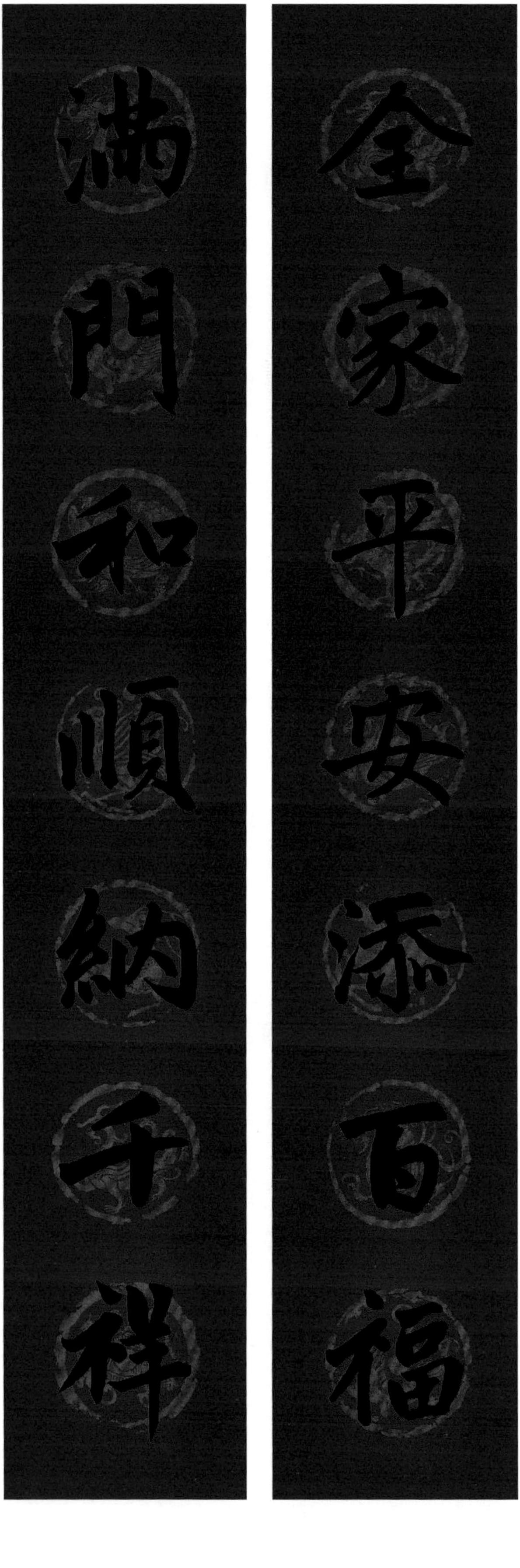

全家平安添百福
满门和顺纳千祥

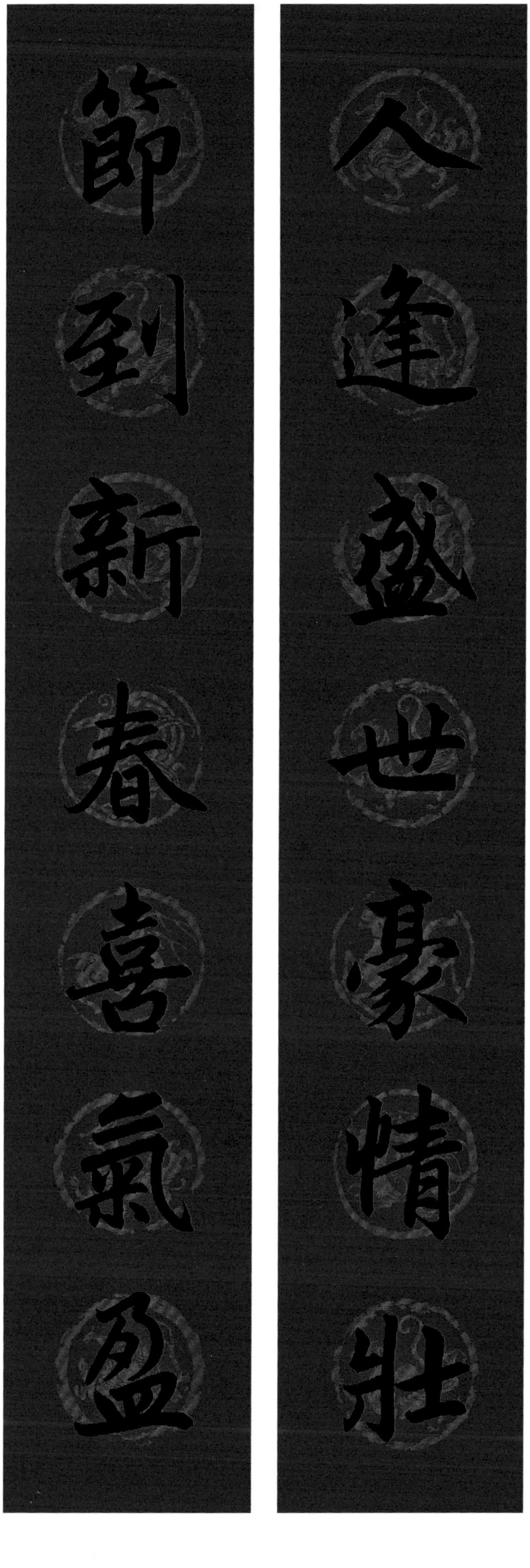

人逢盛世豪情壮
节到新春喜气盈

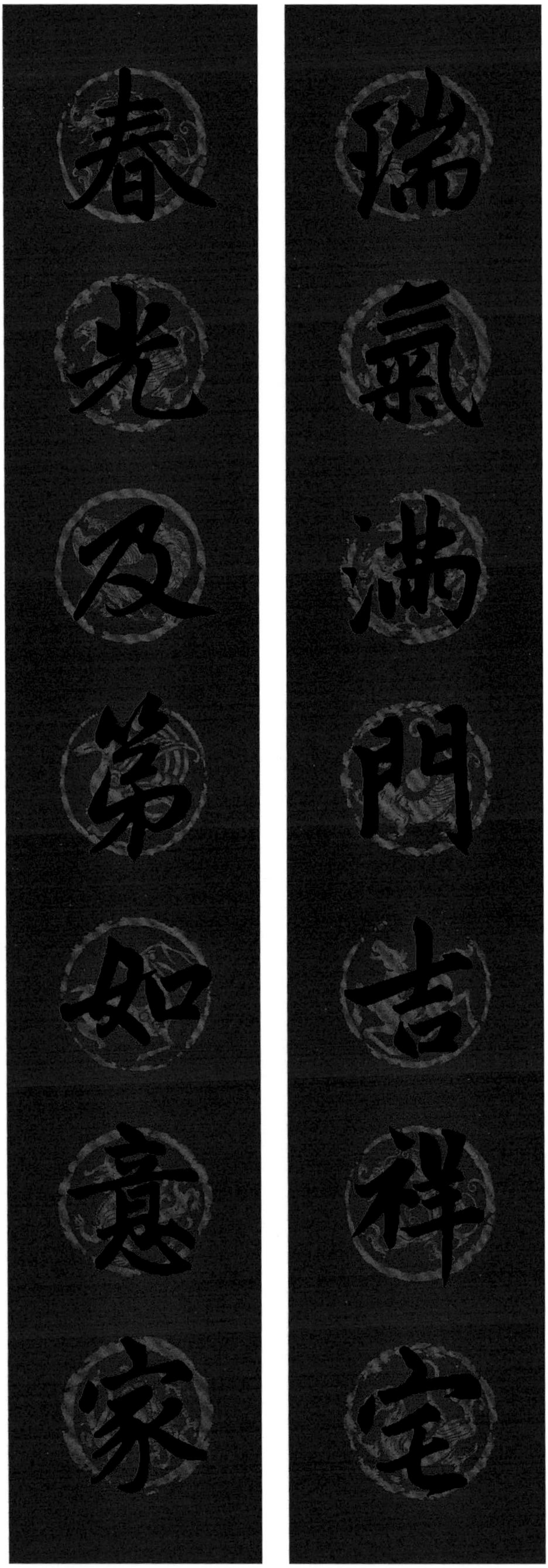

瑞气满门吉祥宅
春光及第如意家

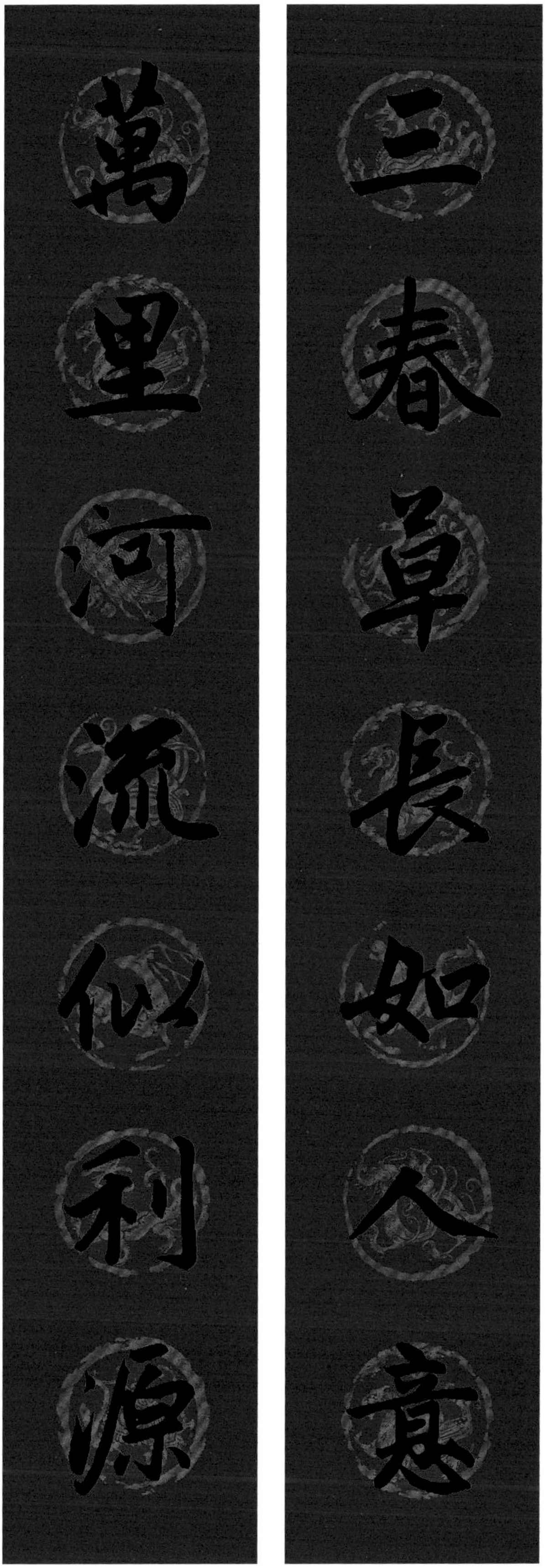

三春草长如人意
万里河流似利源

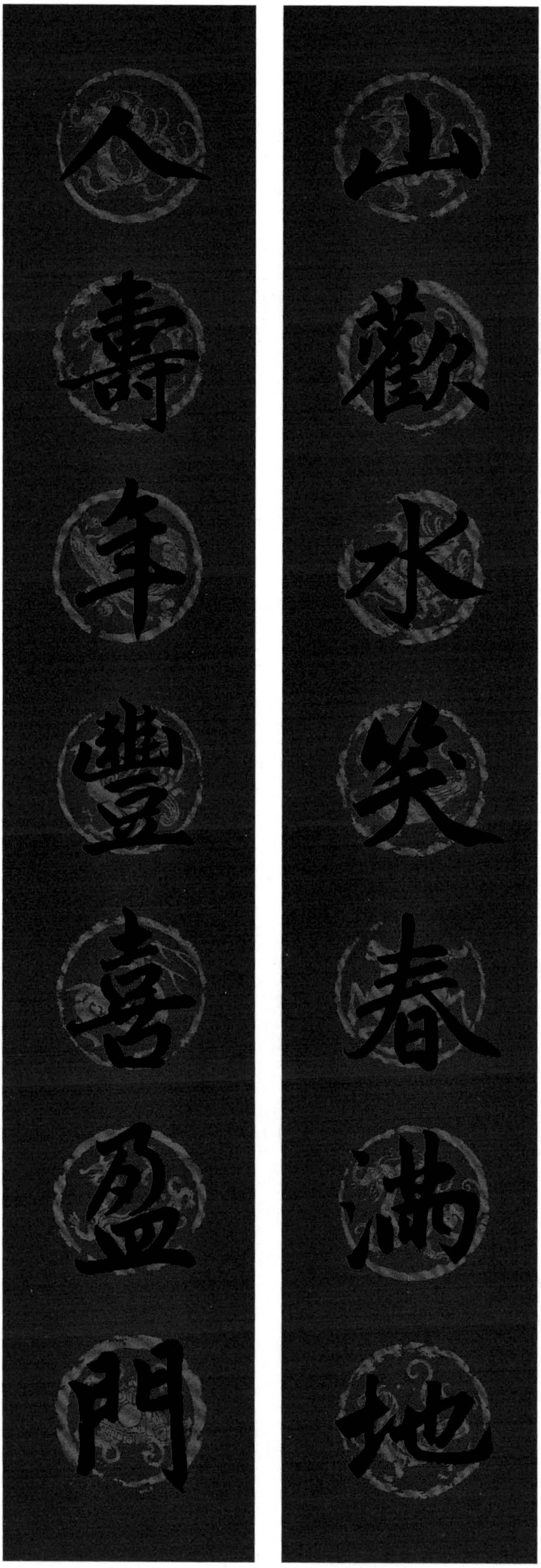

山欢水笑春满地
人寿年丰喜盈门

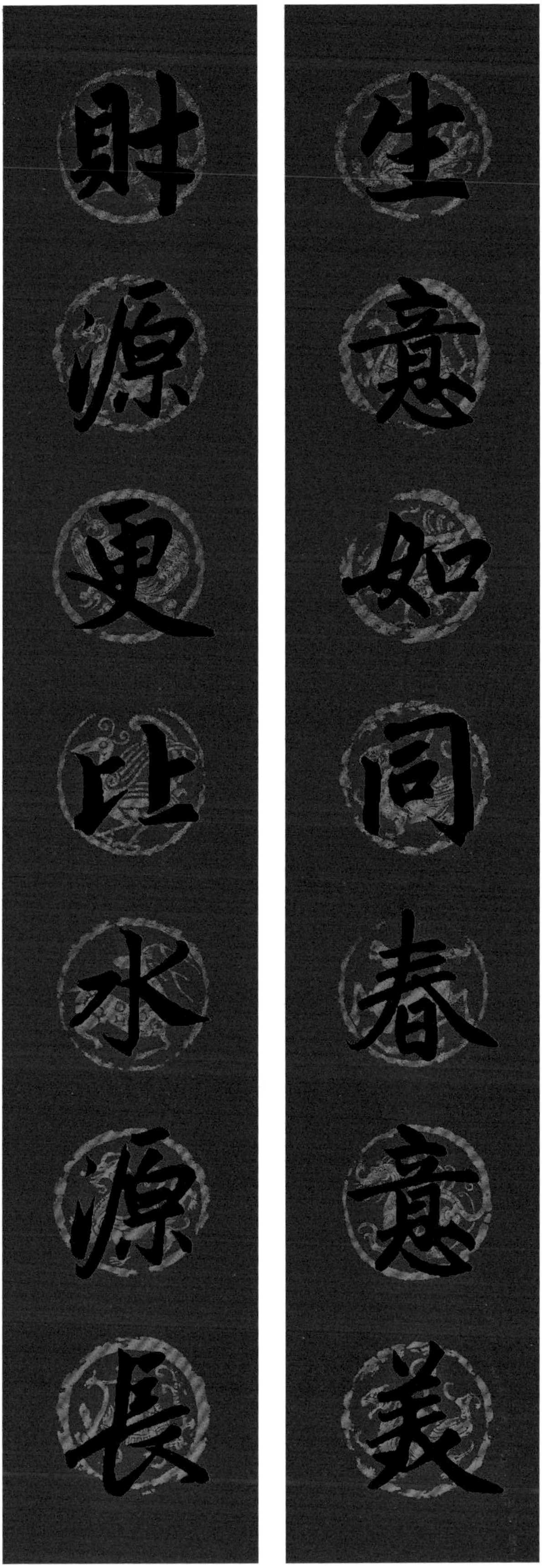

生意如同春意美
财源更比水源长

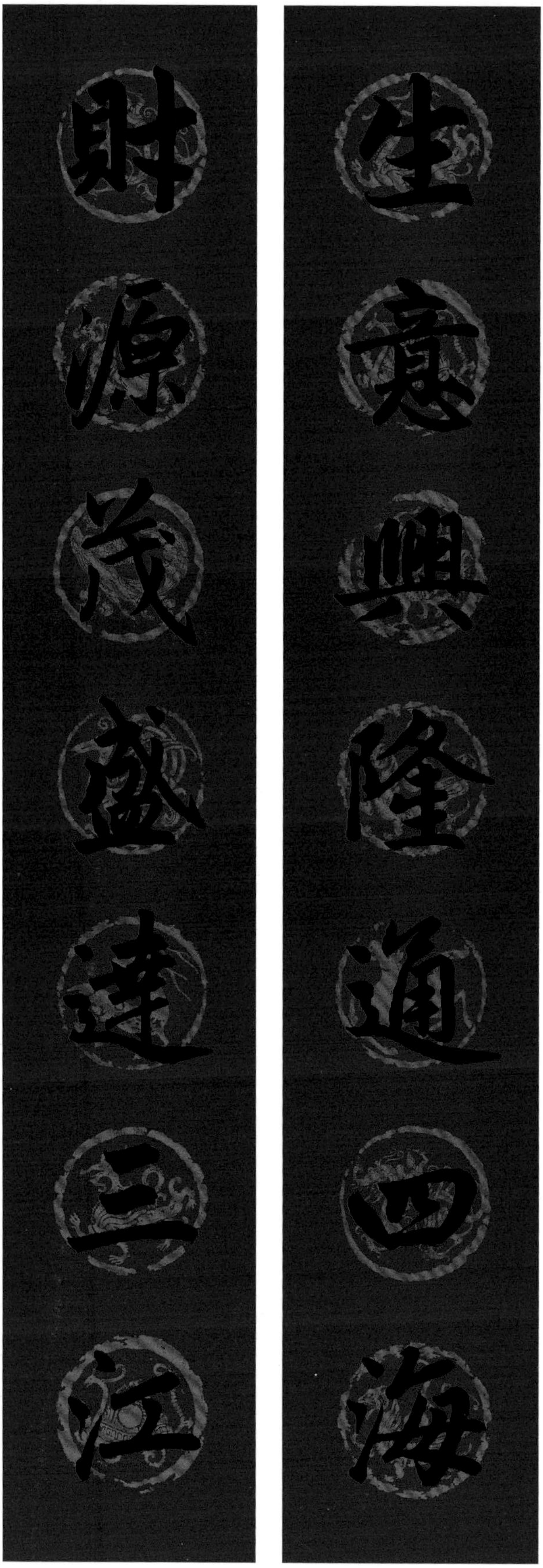

生意兴隆通四海
财源茂盛达三江

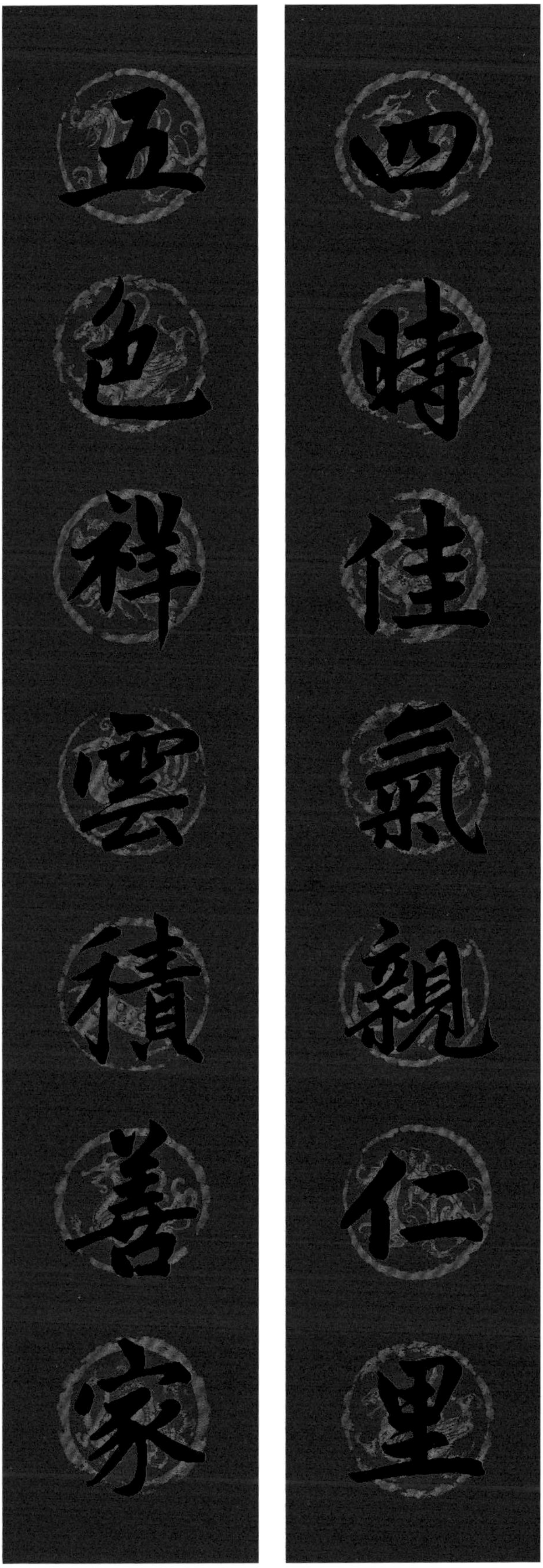

四时佳气亲仁里
五色祥云积善家

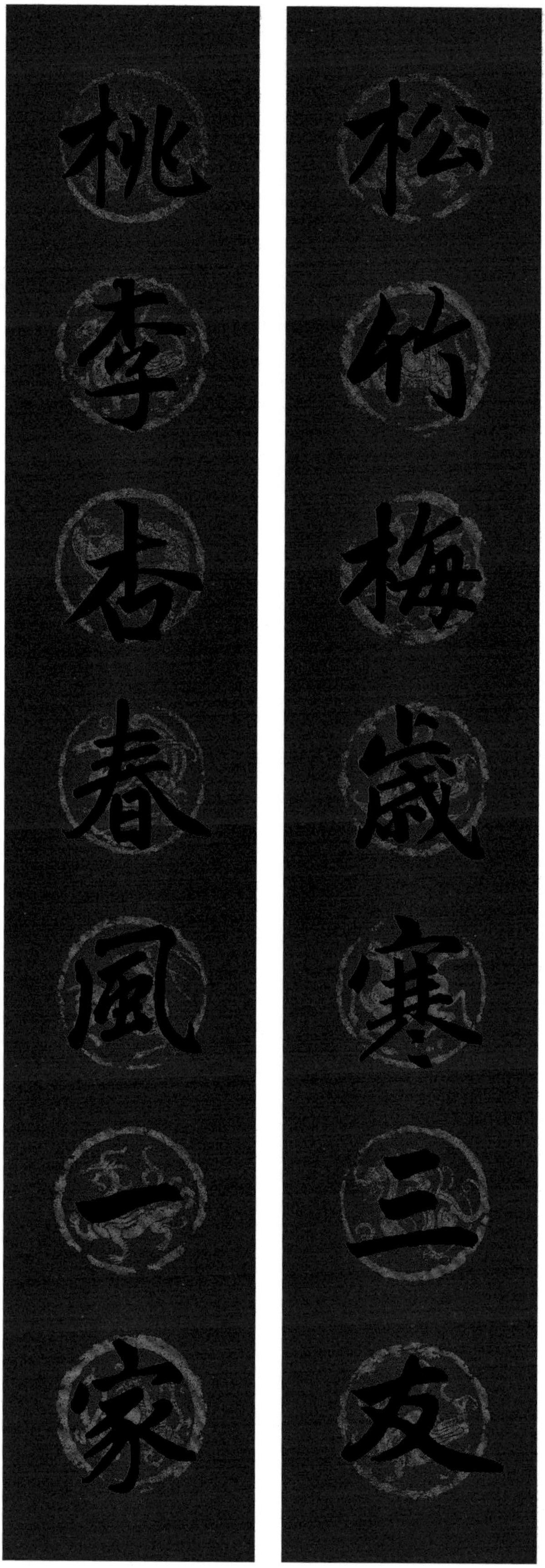

松竹梅岁寒三友
桃李杏春风一家

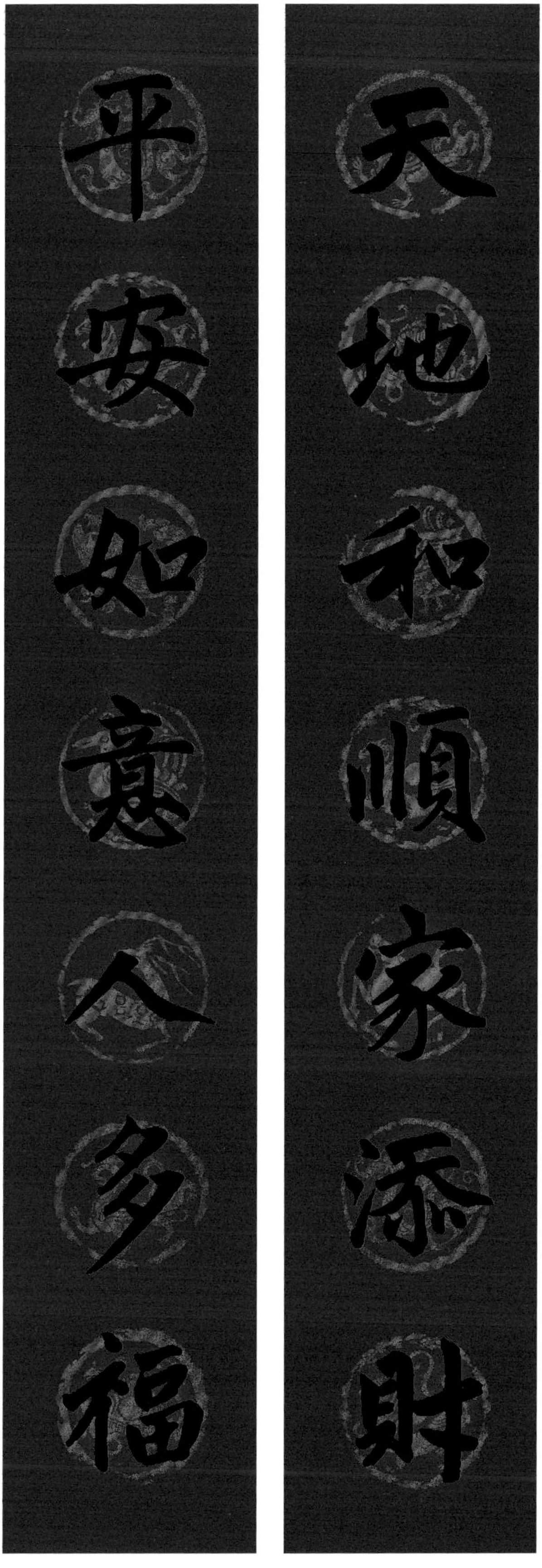

天地和顺家添财
平安如意人多福

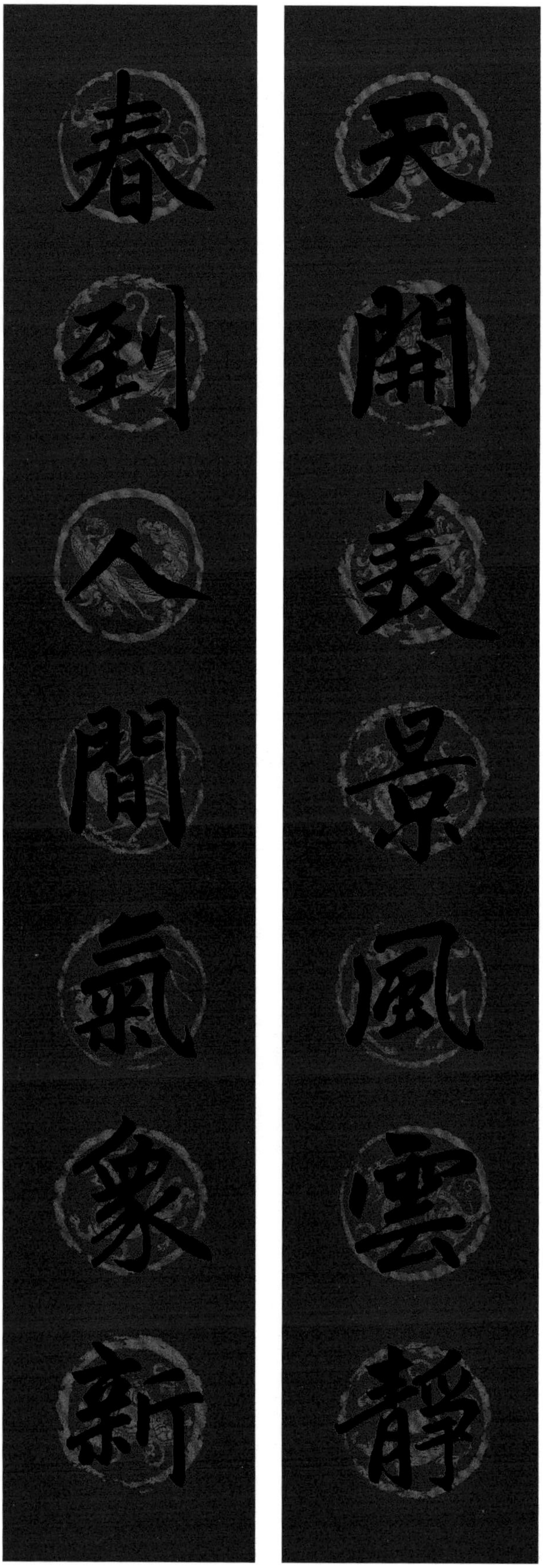

天开美景风云静
春到人间气象新

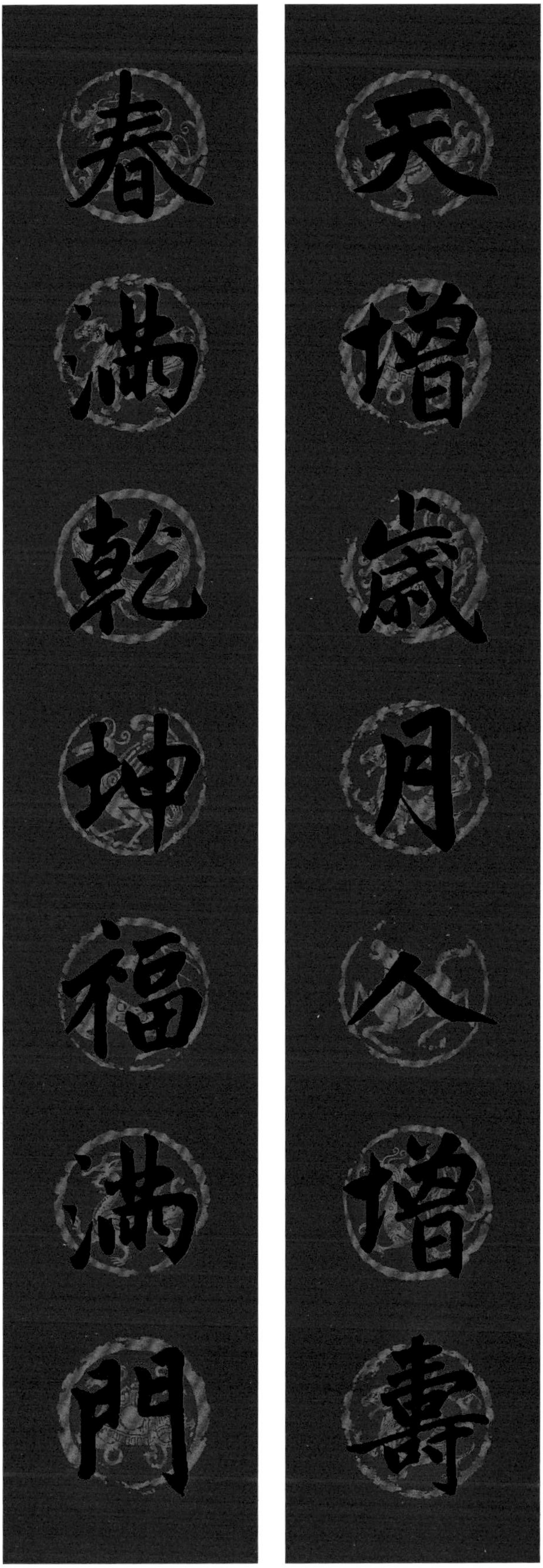

天增岁月人增寿
春满乾坤福满门

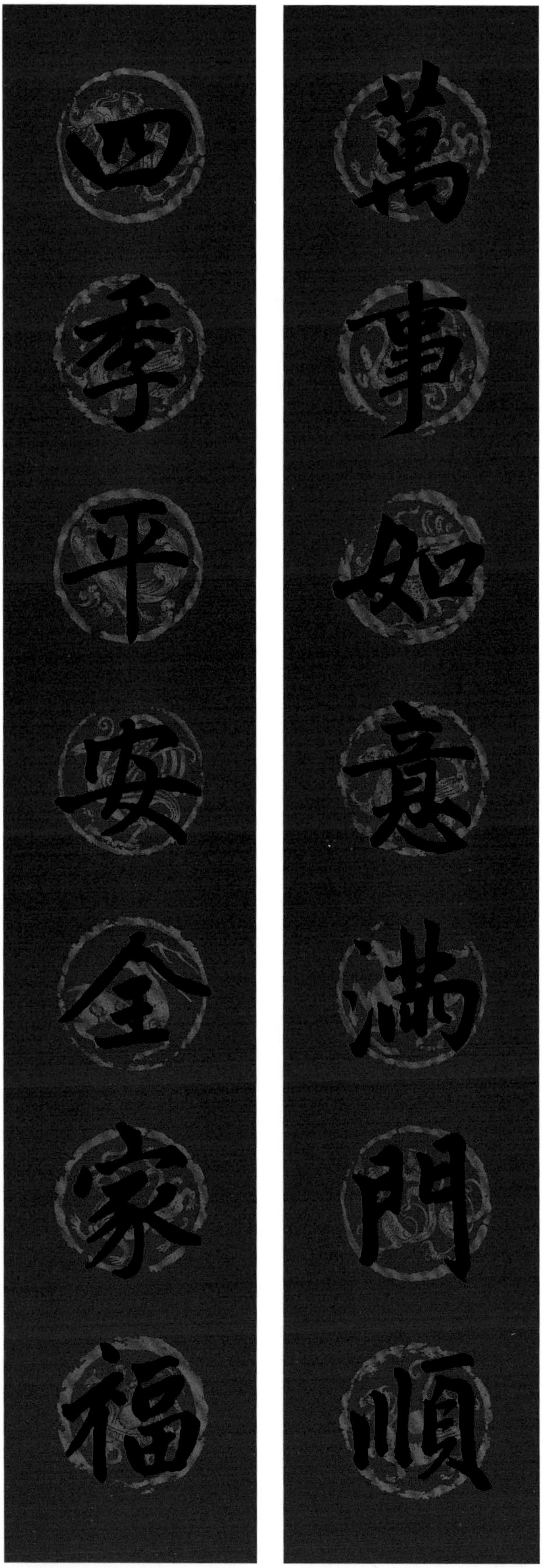

万事如意满门顺
四季平安全家福

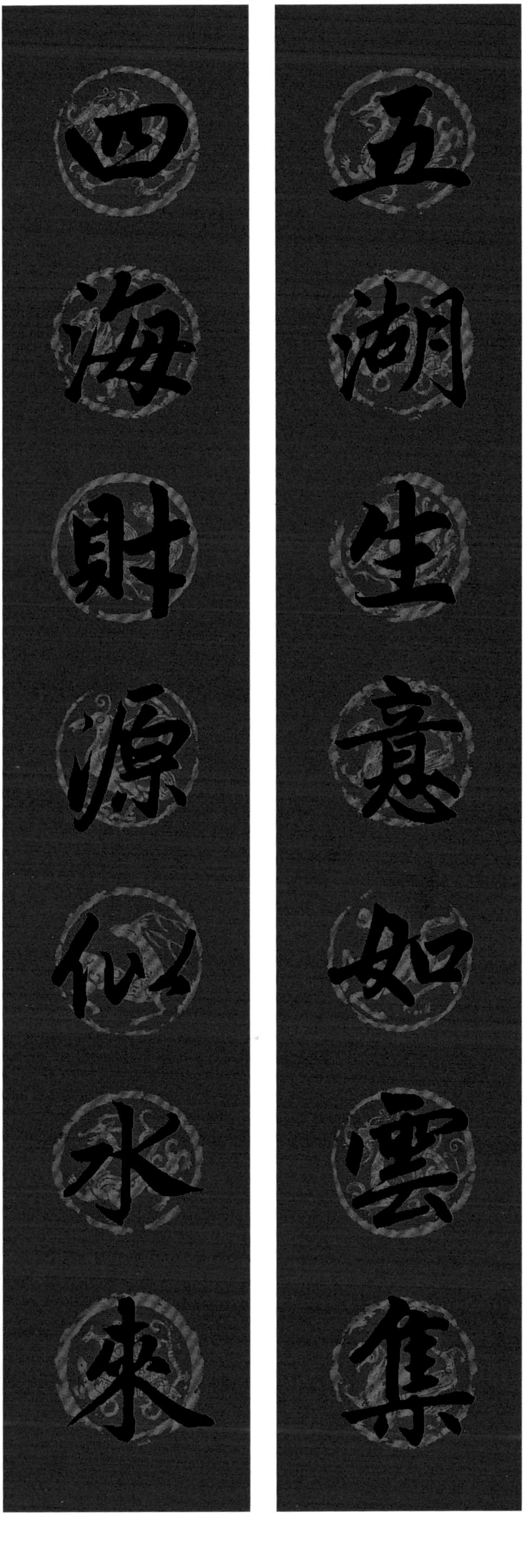

五湖生意如云集
四海财源似水来

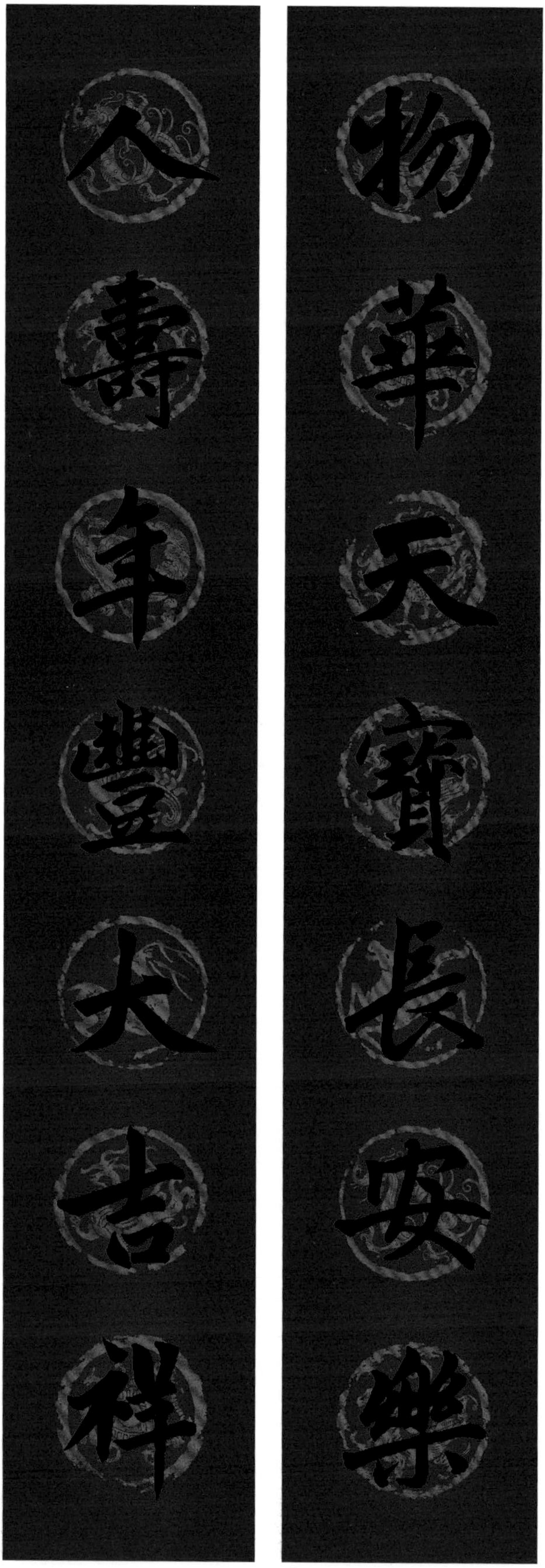

物华天宝长安乐
人寿年丰大吉祥

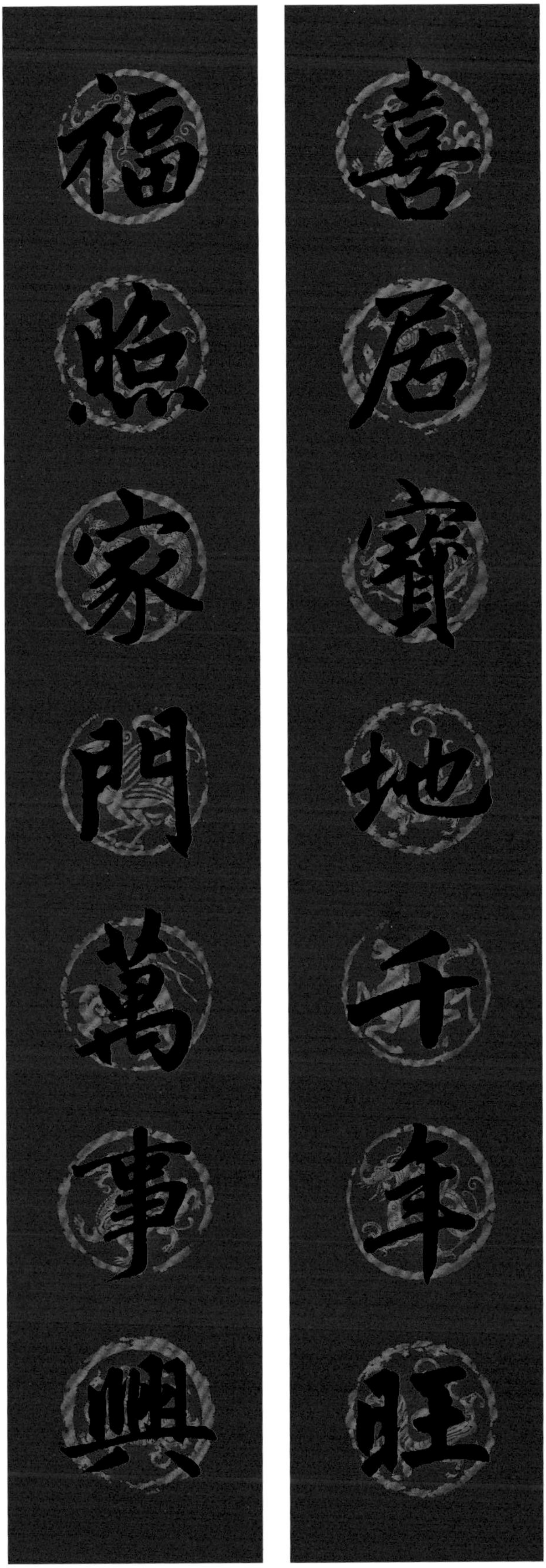

喜居宝地千年旺
福照家门万事兴

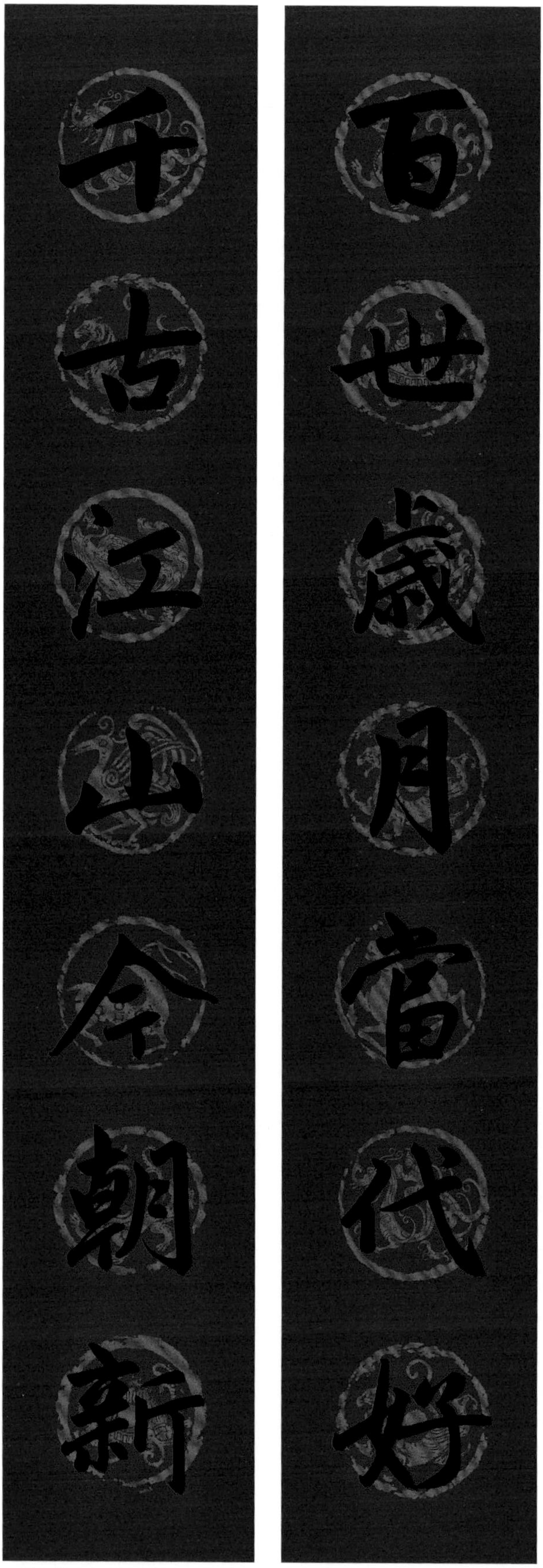

百世岁月当代好
千古江山今朝新

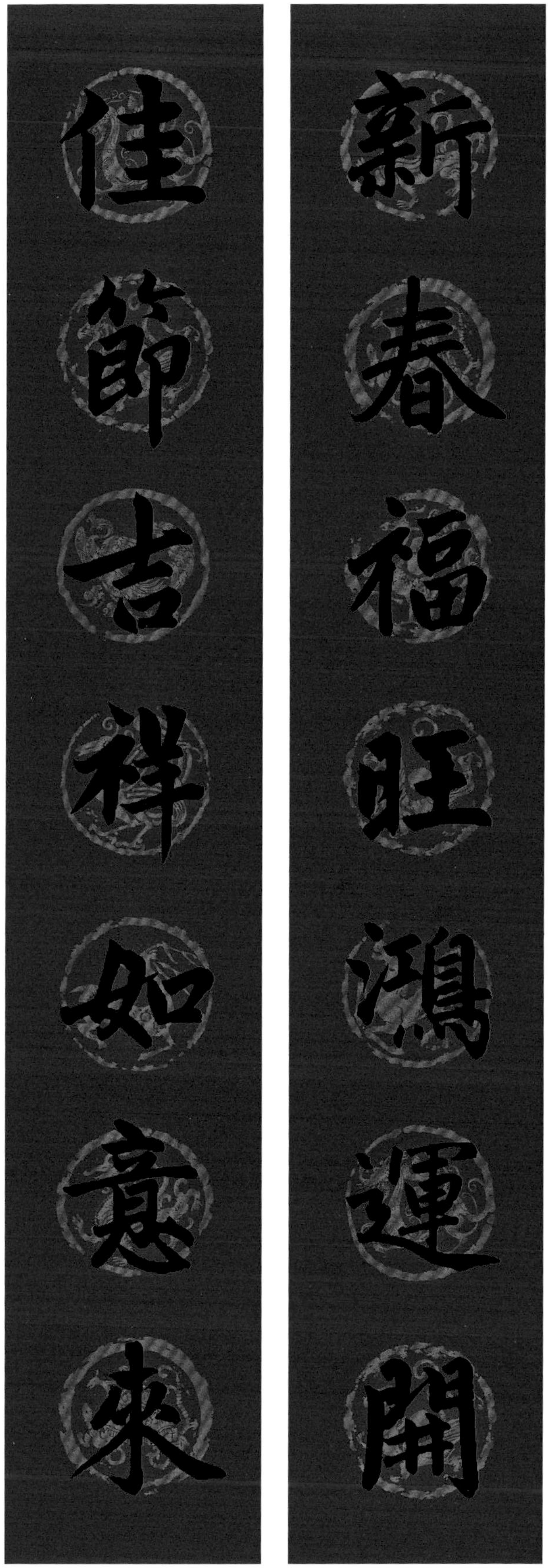

新春福旺鸿运开
佳节吉祥如意来

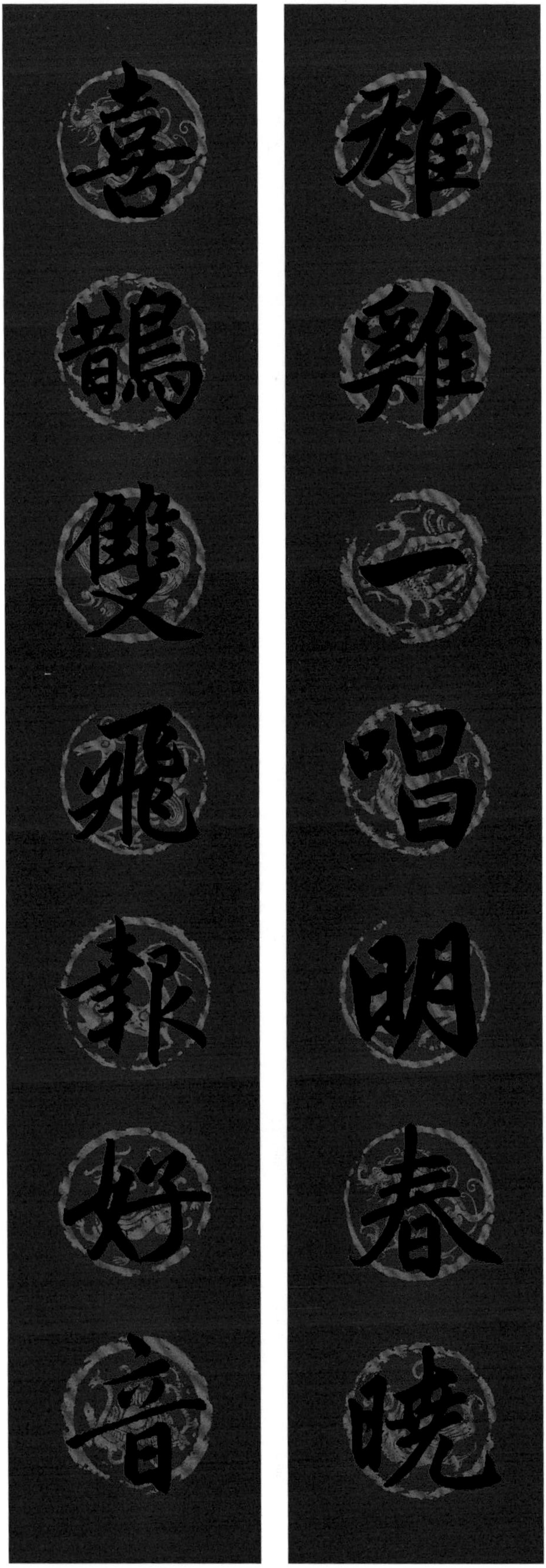

雄鸡一唱明春晓
喜鹊双飞报好音

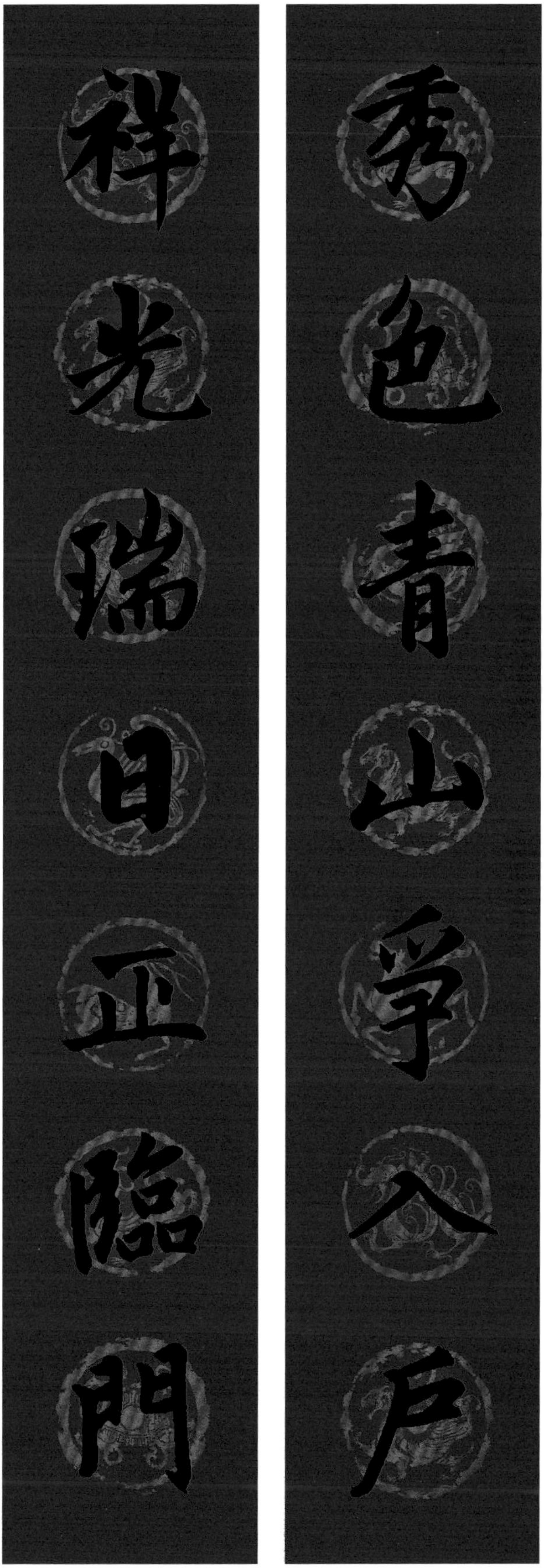

秀色青山争入户
祥光瑞日正临门

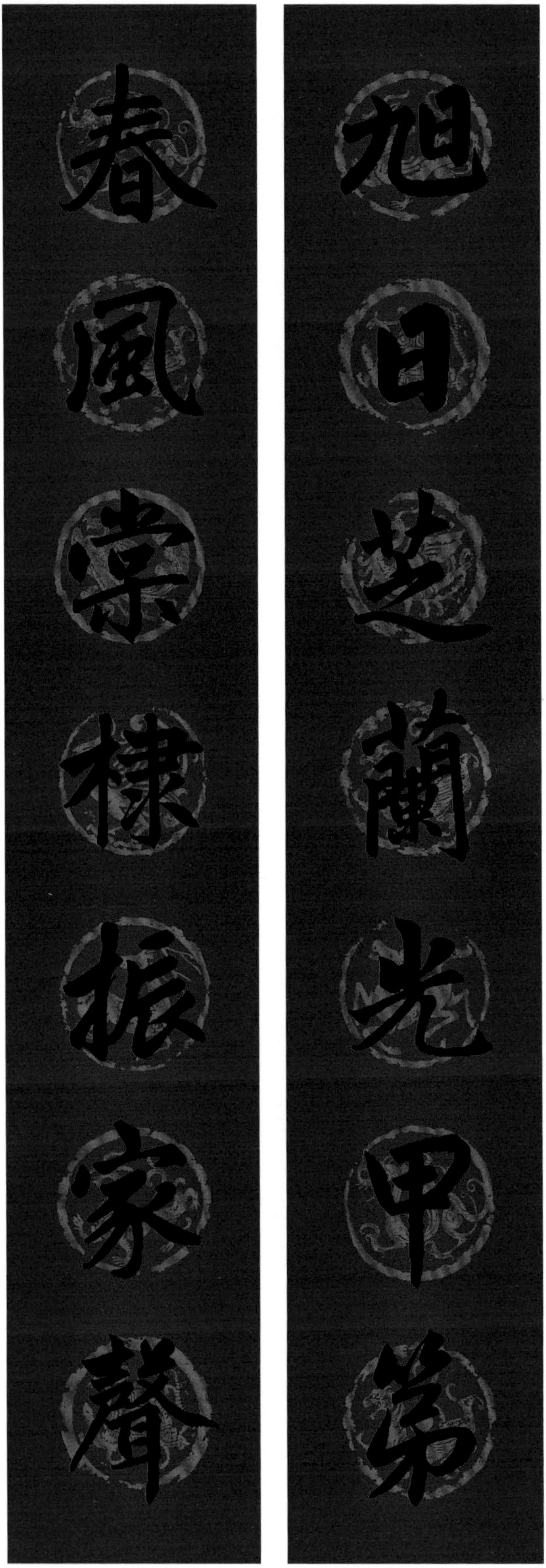

旭日芝兰光甲第
春风棠棣振家声

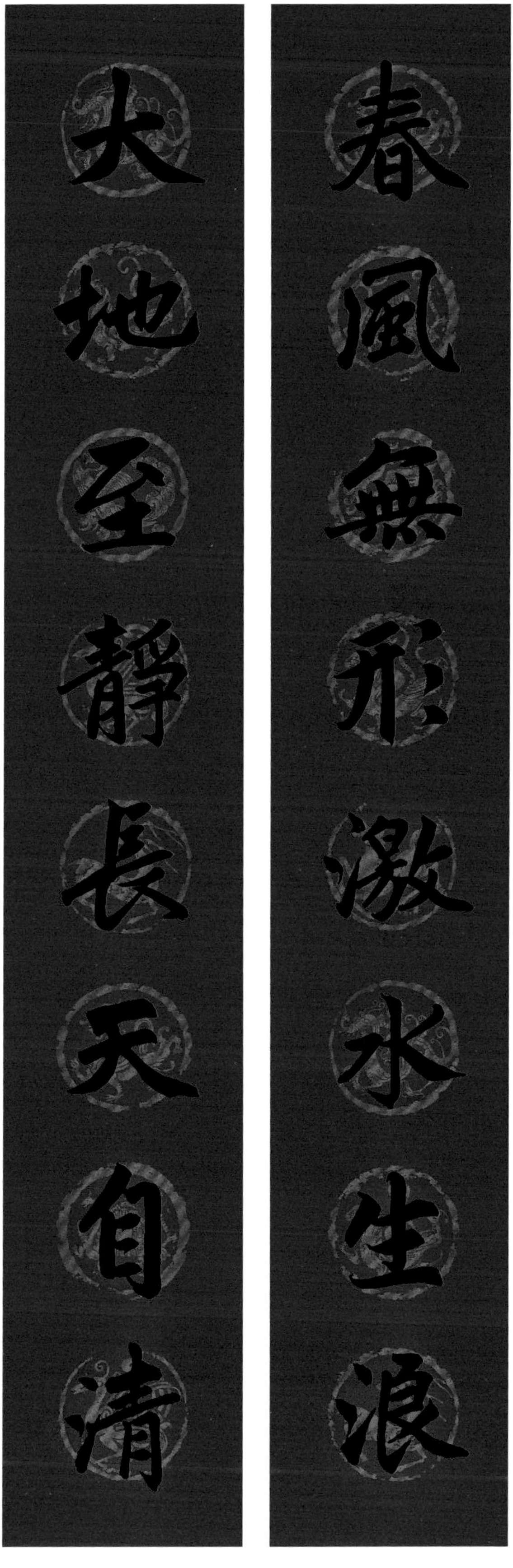

春风无形激水生浪
大地至静长天自清

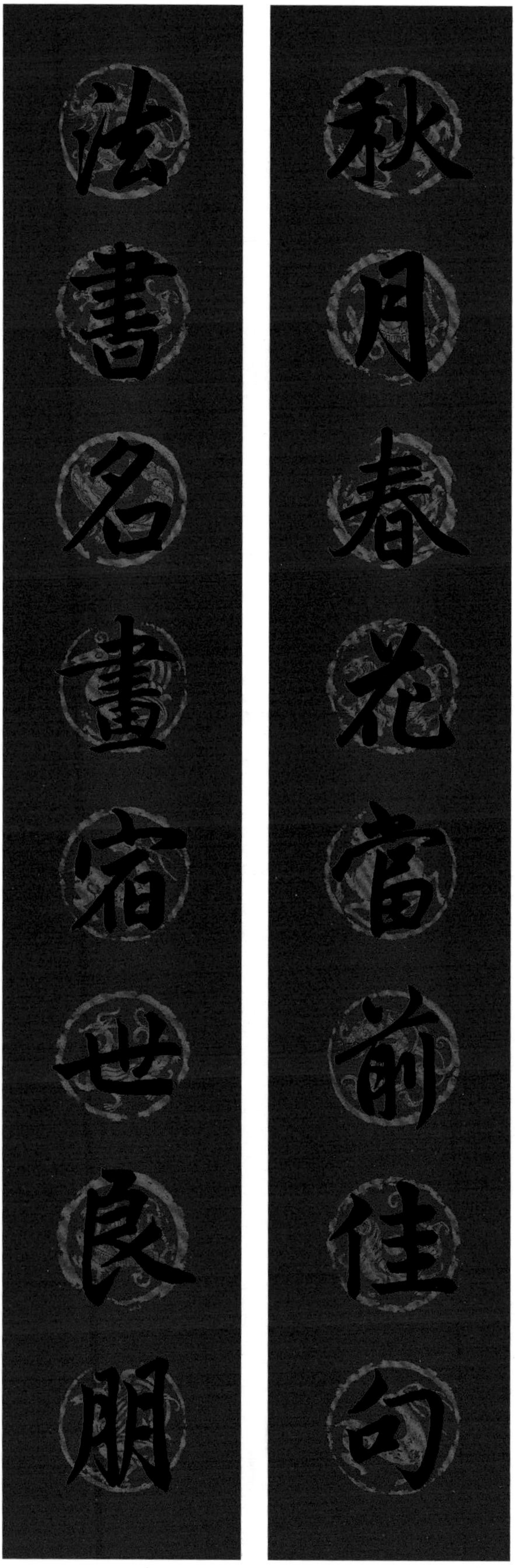

秋月春花当前佳句
法书名画宿世良朋

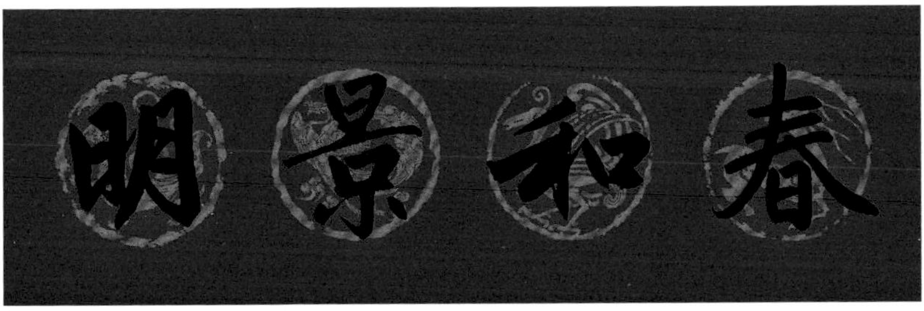

春和景明

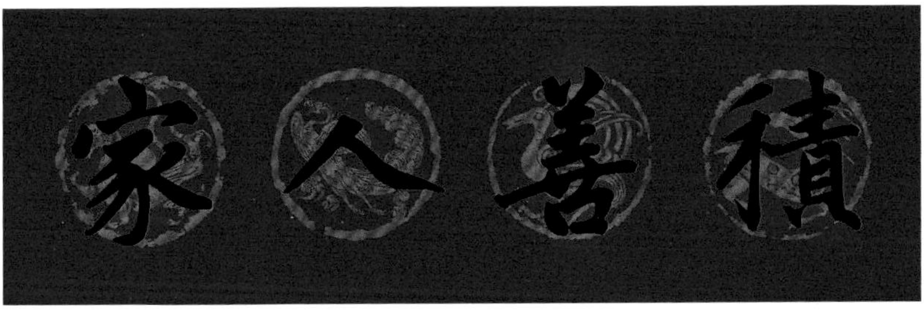

积善人家

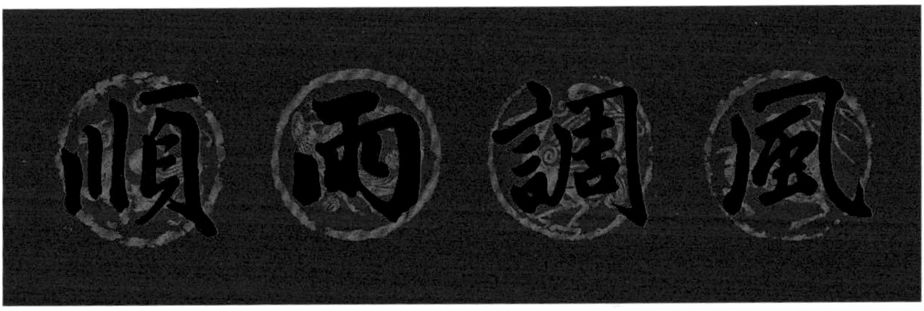

风调雨顺

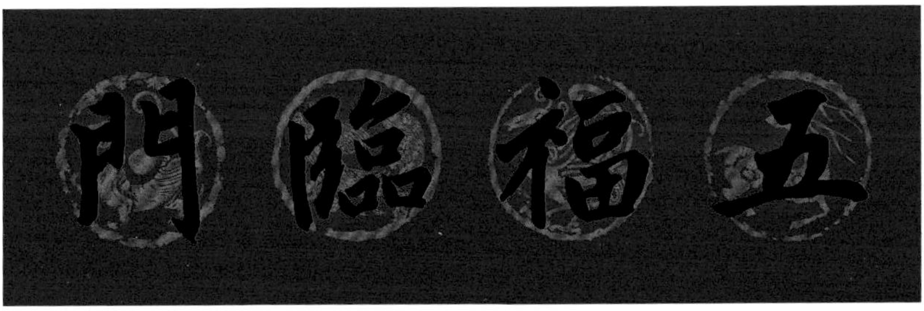

五福临门

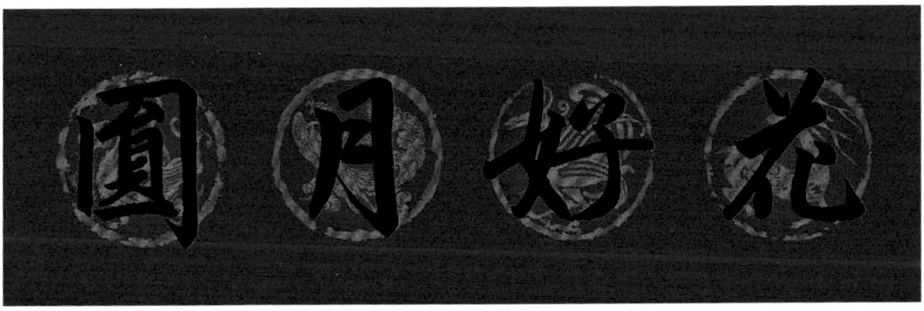

花好月圆

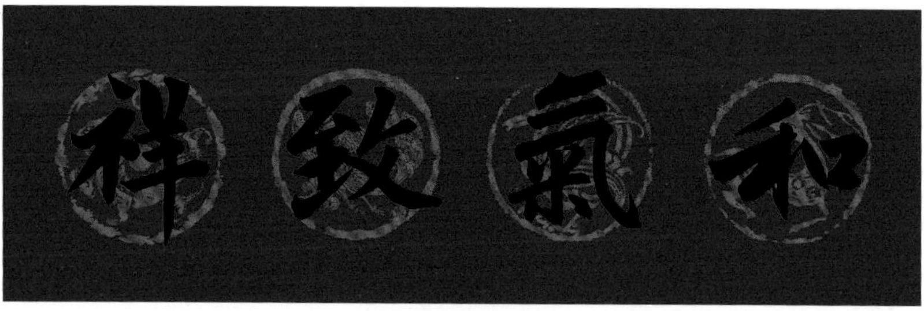

和气致祥

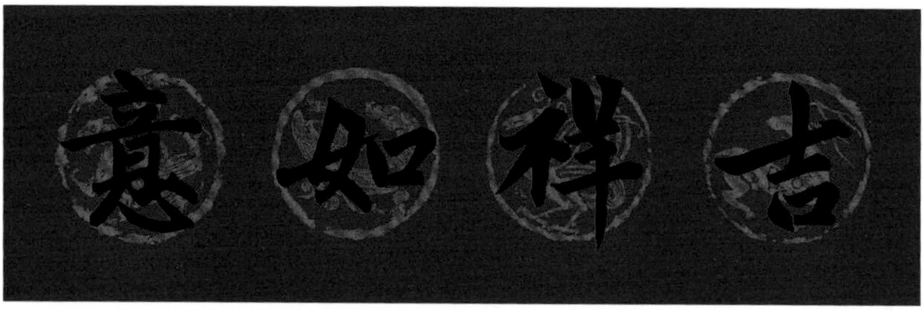

吉祥如意

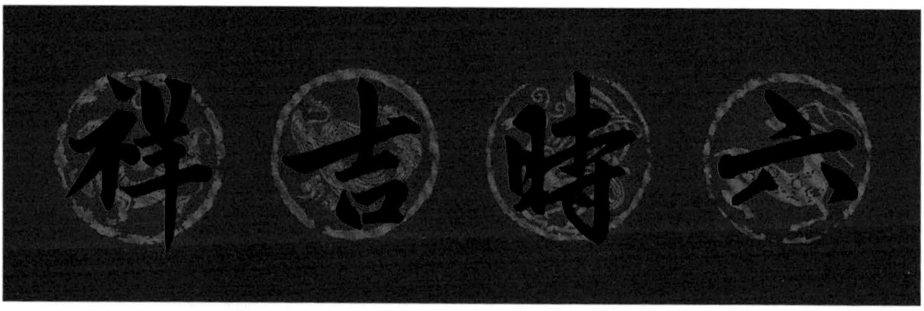

六时吉祥

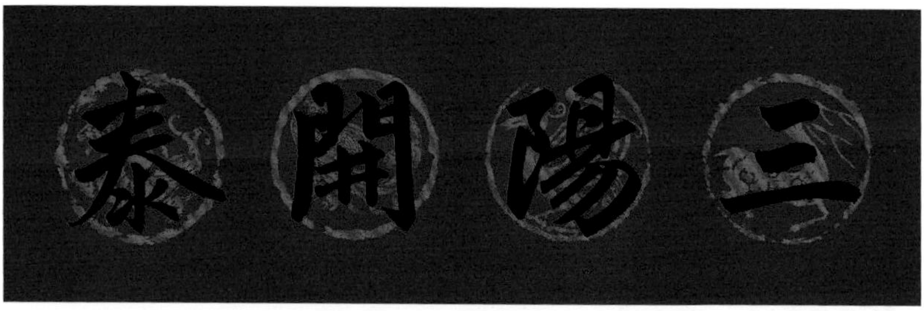

三阳开泰

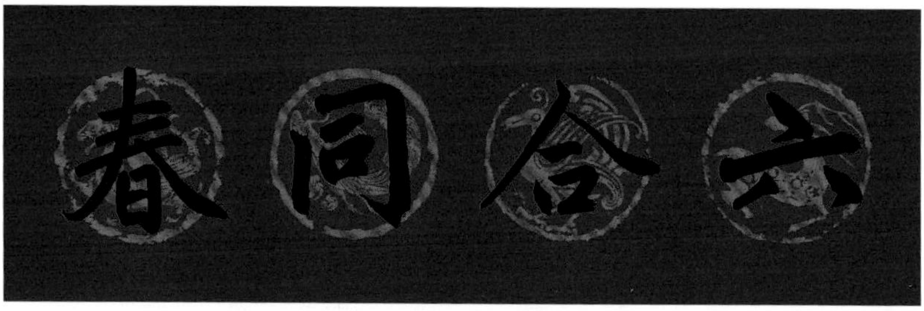

六合同春

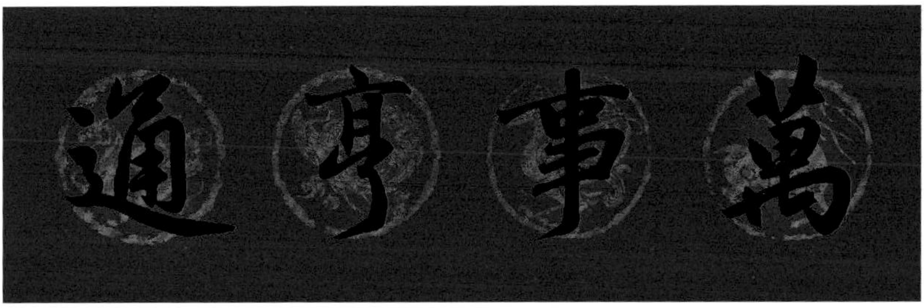

万事亨通

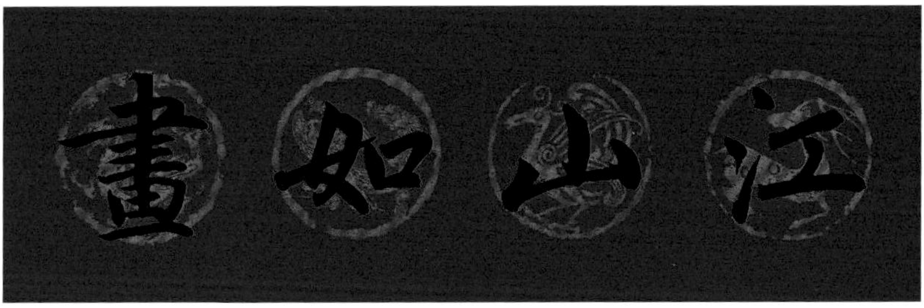

江山如画

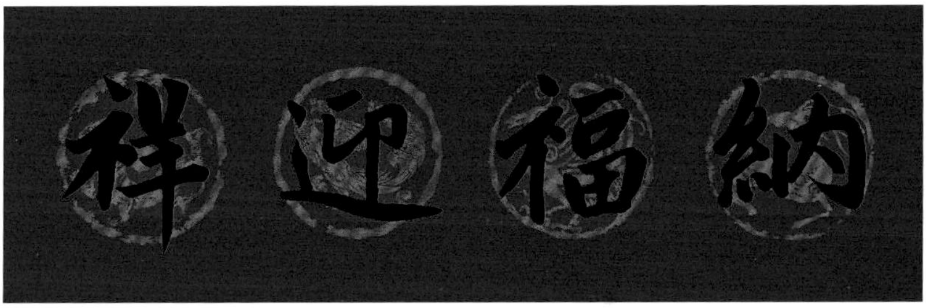

纳福迎祥

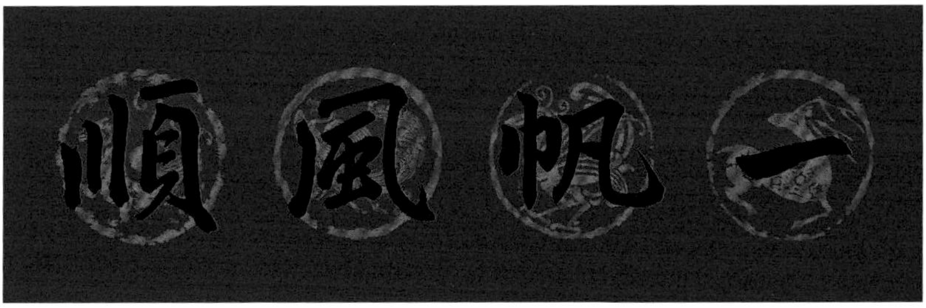

一帆风顺

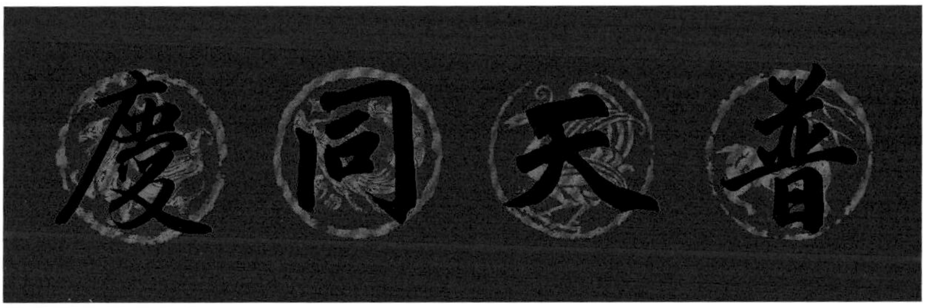

普天同庆

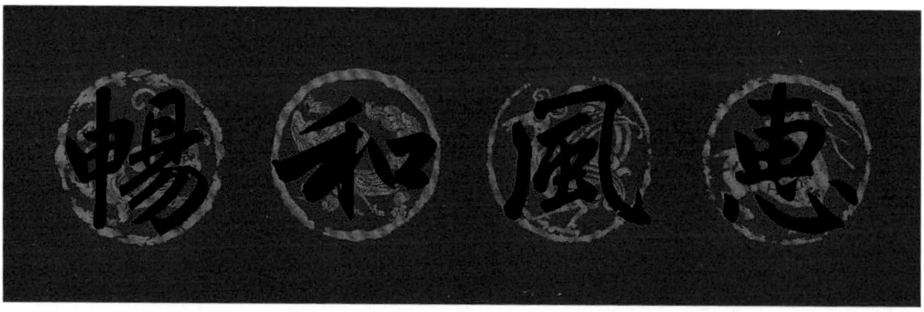

惠风和畅

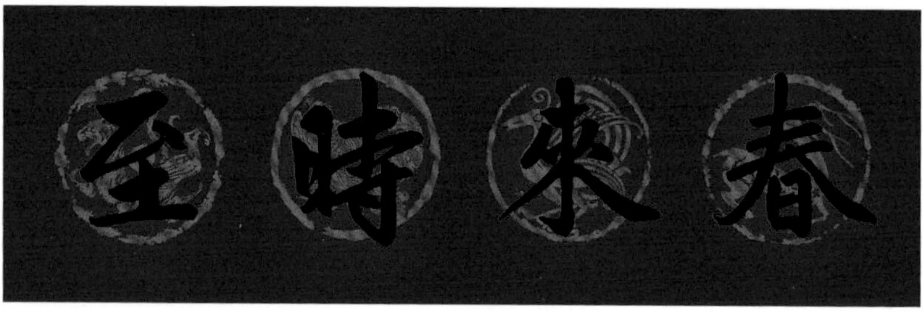

春来时至

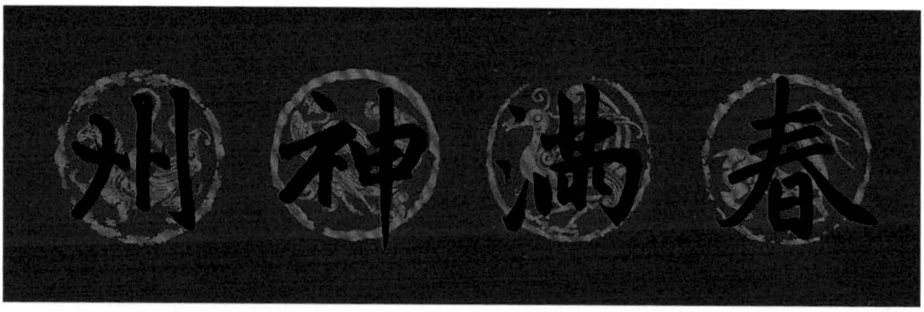

春满神州

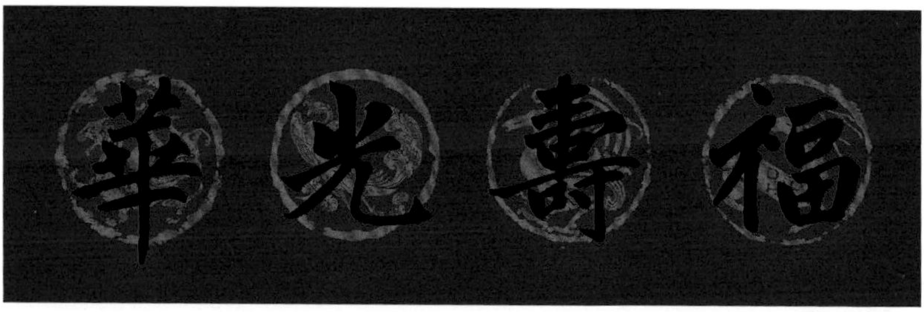

福寿光华

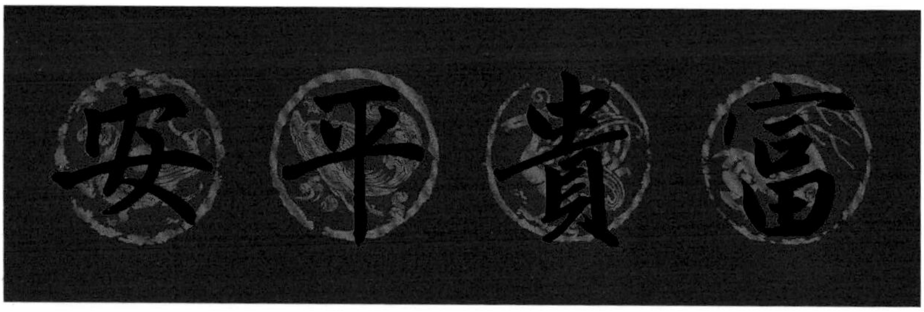

富贵平安

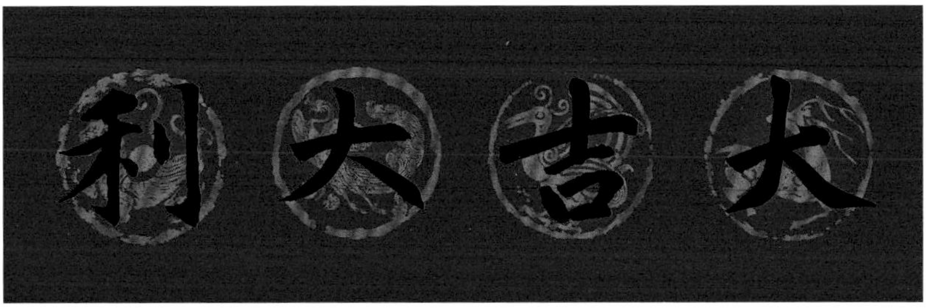

大吉大利

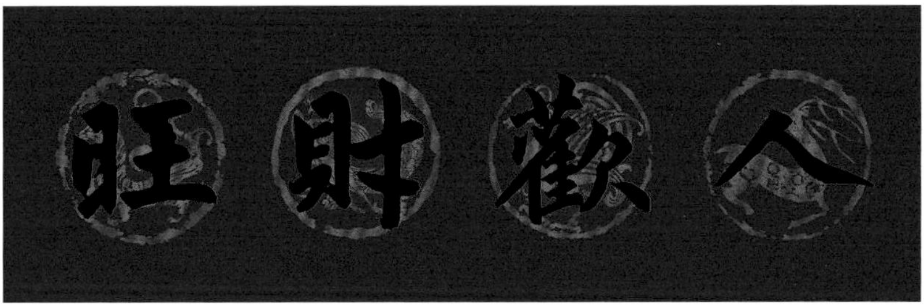

人欢财旺

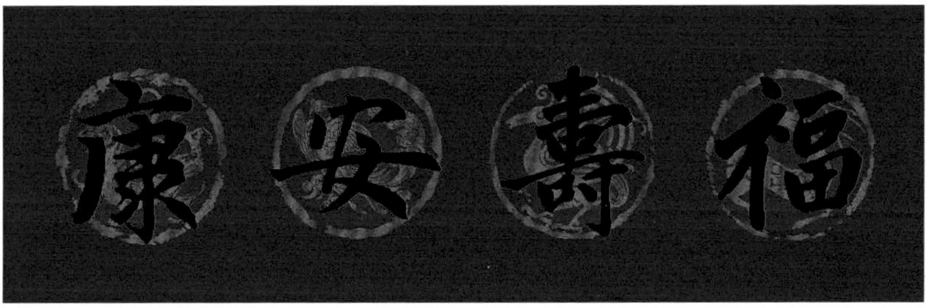

福寿安康

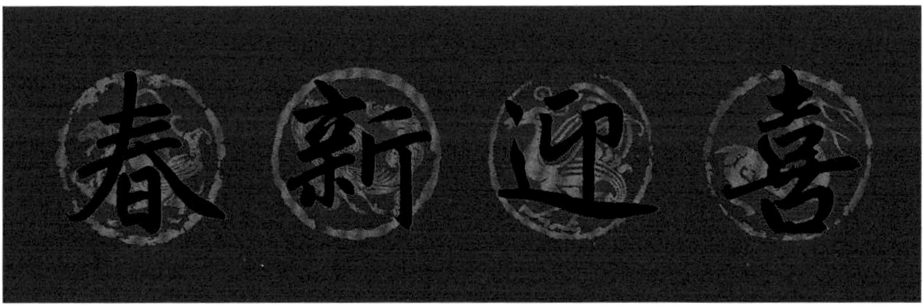

喜迎新春

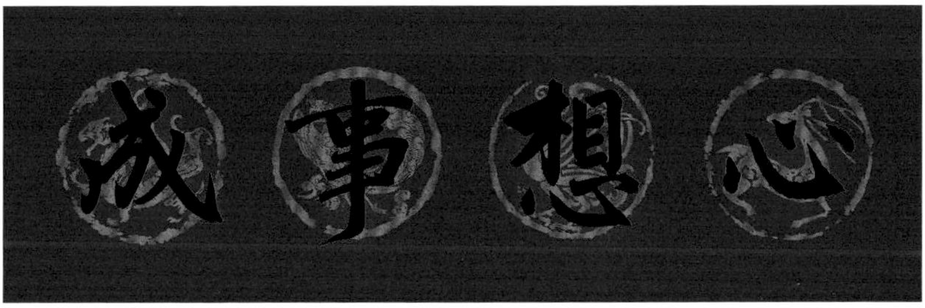

心想事成

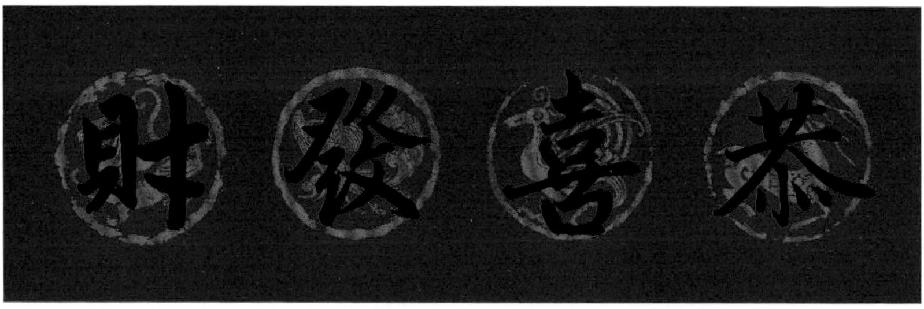

恭喜发财

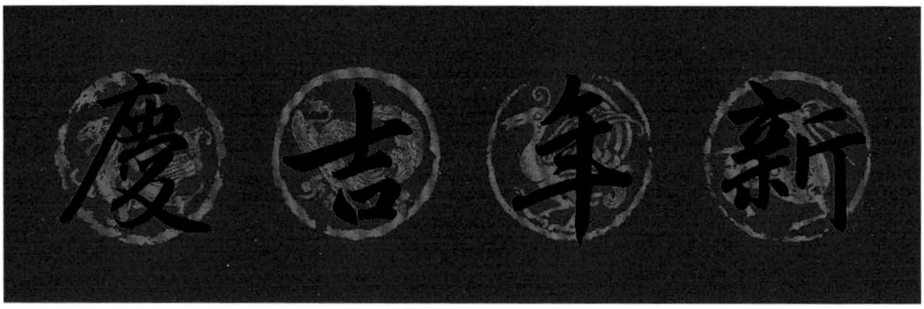

新年吉庆

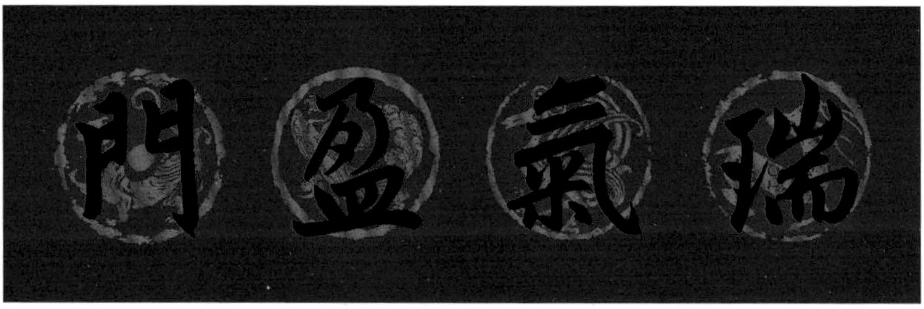

瑞气盈门

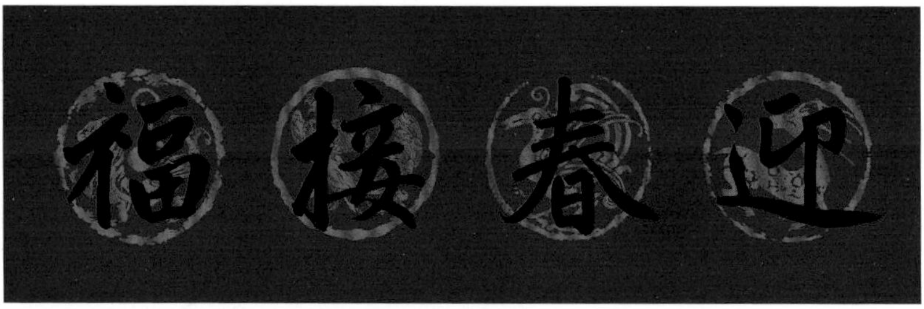

迎春接福

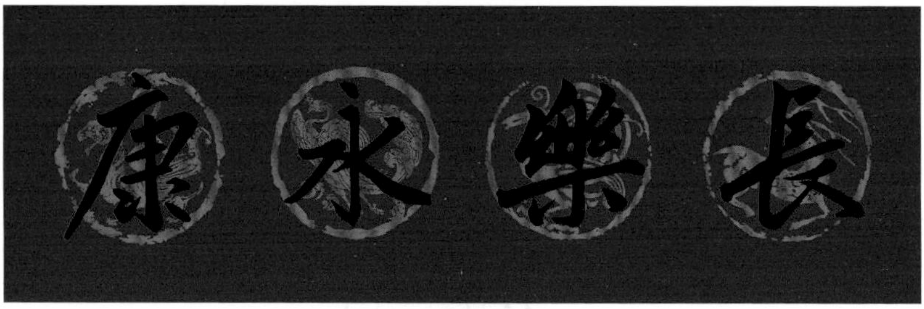

长乐永康